개정판 2쇄

글쓰기

자연과학 · 공학 계열

국민대학교 글쓰기
교재편찬위원회

국민대학교 출판부
KOOKMIN UNIVERSITY PRESS

머리말

이 책은 대학 글쓰기 수업의 교재로 기획되었다. '글쓰기'는 대학 교육에 필요한 의사소통 능력과 논리적 사고력을 기르기 위한 기초교양 교과목이다. 글쓰기의 중요성은 오늘날 점점 더 강조되고 있다. 글쓰기는 소통과 표현, 성찰과 사유의 강력한 도구이며, 지식을 자기 것으로 내면화하고 우리 삶과 연결하는 과정이기도 하다. 특히 수준 높은 사고력을 배양하기 위해서는 글쓰기를 통해 자기 논리를 점검하고 체계화하는 작업을 거쳐야 한다. 이 책은 대학생들이 논리적 글쓰기의 과정을 직접 경험하면서 자기 생각을 발전시켜 효과적으로 전달하는 데 도움이 되도록 집필했다. 또한 인문사회 · 예술 계열과 자연과학 · 공학 계열 교재를 따로 마련하여, 자신의 전공 영역에 맞는 학문적 의사소통 능력을 기를 수 있도록 했다.

책 전체는 크게 여섯 개의 장으로 구성되었다. 1장은 글쓰기가 왜 중요한지, 대학 생활에서 글쓰기는 어떤 의미를 지니는지 이야기하고, 좋은 글을 쓰기 위해 필요한 요소들을 전반적으로 소개한다. 이 책에서 중요하게 다루는 '학술적 글쓰기'의 개념과 함께, 자연과학 · 공학 계열 학생들에게도 글쓰기 능력이 필수적인 이유를 설명한다. 2장에서는 글쓰기의 윤리에 대해 배운다. 다른 사람의 생각을 존중하면서 자기 생각을 스스로 존중하기 위해 글쓰기의 윤리는 반드시 필요하다. 이 책의 2장에서 학생들은 다른 글을 인용하고 참조할 때 어떤 형식을 갖추어야 글쓰기의 윤리를 지킬 수 있는지 구체적으로 알아보고 연습할 수 있다. 3장은 비판적 읽기와 요약하기 능력을 기르기 위한 장이다. 읽은 글의 핵심 논지를 파악하고 비판적으로 수용하는 일은 자기 논리를 발전시키는 과정에서 중요한 역할을 한다. 선별하여 제시한 읽기 자료 및 활동들은 읽기와 쓰기가 연계된 통합적 의사소통 능력과 비판적 사고력을 신장하는 데 큰 도움이 될 것이다.

1장에서 3장까지가 좋은 글쓰기의 밑바탕이 되는 부분이라면, 4장 이후는 학술적 글쓰기를 본격적으로 익히고 수행하는 부분이다. 4장에서는 주제 선정, 자료 수집, 개요 작성의 단계를 거쳐 보고서 쓰기의 전 과정을 학생들이 실제로 경험할 수 있도록 했다. 글의 전달력을 높이기 위해, 논리적인 단락을 구성하고 정확한 문장을 서술하는 방법도 함께 배우게 된다. 5장은 보고서, 서평, 칼럼 등 글의 종류에 따른 각각의 특징과 효과적인 글쓰기 방법을 다룬다. 특히 학생들이 작성한 문헌 연구 보고서의 사례를 검토하면서, 좋은 문헌 연구 보고서를 쓰기 위해 유의할 점들을 구체적으로 확인할 수 있을 것이다. 6장은 피드백을 거쳐서 문헌 연구 보고서의 초고를 수정 보완해 완성하는 과정을 담고 있다. 동료 피드백과 교수자 피드백에 사용할 수 있는 '피드백 활용지' 및 활용 사례도 수록했다. 매 학기 보고서와 서평 등을 과제로 작성해야 하는 학생들에게 이 책이 실제적인 도움이 되었으면 좋겠다. 여러 대학에서 글쓰기 관련 과목을 담당하시는 교수님들께도 유용한 책이 되길 바란다.

이 교재의 초판은 2015년 1학기에 처음 기획되었다. 지금은 서울대학교로 옮기신 김호정 교수님을 비롯하여, 국민대학교 교양대학 소속의 박규철, 박진, 조재현 교수가 공동 집필에 참여했다. 제본 형태의 결과물을 2015년 2학기 '글쓰기' 수업 교재로 활용하면서 공들여 다듬고 보완한 뒤, 2016년 1학기에 국민대학교 출판부에서 초판을 출간했다. 초판이 나온 지 6년 만에 이제 개정판을 낸다. 2021년 3월에 교양대학 김한승 학장님의 격려와 지원으로 '국민대학교 글쓰기 교재편찬위원회'가 구성되었고, 개정판 집필에는 박진, 박필현, 김남혁 교수가 참여했다. 개정판에서는 본문 및 활동을 교체하거나 수정하여 난이도를 조절했고, 최신의 읽기 자료와 다양한 분야의 예문들을 추가했으며, 친절하고 풍부한 설명들을 보충했다. 개정판 교재가 글쓰기 수업을 듣는 학생들에게 더욱 흥미롭고 친근하게 다가가기를 바라는 마음이다. 초판에 이어 개정판 출간을 맡아 주신 국민대학교 출판부와 깔끔한 디자인으로 예쁜 책을 만들어 주신 동방인쇄공사 여러분께 감사드린다.

2022년 1월 12일

개정판 저자 일동

글쓰기
자연과학·공학 계열

Contents

04 글쓰기의 과정

05 글쓰기의 사례와 분석

06 글쓰기의 실제

01 글쓰기의 이해

01 글쓰기의 이해

01 글쓰기의 의미

현대인의 삶과 글쓰기

글쓰기는 우리 현대인에게 요구되는 보편적 능력이다. 삶의 양식이나 기술은 늘 변화해 왔고, 사회 속에서 어우러져 살아가는 인간에게는 이러한 변화에 따라 그에 걸맞은 능력이 요구되었다. 어떤 시대에는 모름지기 인간이라면 누구나 돌을 다듬어 도구를 만들 줄 알아야 했을 것이고, 또 어떤 시대에는 누구나 씨앗을 심고 가꿀 줄 알아야 했을 것이다. 글쓰기가 보편적 능력으로 요구된다는 것은, 조건 불문 이제 누구나 글쓰기 능력을 갖추어야 한다는 말이다. 이를테면 글쓰기는 우리 시대의 석기 제작 기술, 농경 기술인 셈이다.

'인류 최고(最高)의 발명'이라고 할 문자의 탄생 이후, 인간 사회의 지식 축적과 계승은 글쓰기를 통해 이루어져 왔다고 해도 과언이 아니다. 그러나 문자의 발명 이후로도 상당 기간 글쓰기는 특정 계층의 전유물이었다. 문자의 탄생 이후 그것이 대중화되기까지는 많은 시간이 필요했고, 문자가 대중화된 후에도 글쓰기는 여전히 일부 전문가들의 영역에 머물렀다. 그렇다면 오늘날에 이르러 우리 모두에게 글쓰기 능력이 요구되는 이유는 무엇일까.

답은 글쓰기의 범주와 역할에서 찾을 수 있다. 오늘날 글쓰기의 범주는 더 이상 특정 영역에 한정되지 않고 일상의 전 영역으로 확장되었다. 글은 이제 전문가들끼리 정보와 의견을 나누는 데에만 한정되어 사용되지 않는다. 다양한 상황에서 각 영역의 전문가들은 해당 영역에 익숙지 않은 사회 구성원들을 대상으로 자신의 지식과 의견을 공유하기 위해서도 글을 쓴다. 대학생들이라면 보고서나 각종 비평문, 논술 형식의 지필고사 등 다양한 형태의 글쓰기를 하게 된다. 직장인들 역시 업무 추진을 위해 이메일이나 기획서, 보고서 등을 쓴다. 공적 영역을 떠나서도 글쓰기는 계속된다. 다양한 SNS의 활용은 물론이고, 평범한 개인으로서 자신의 블로그를 운영하는 사람들도 있으며 여가 생활을 즐기는 과정에서 영화나 책 리뷰를 남기기도 한다. 과거와 달리 작성한 글을 대중에게 공개하거나 공개된 글을 서로 공유하는 것 역시 더는 어려운 일이 아니다. 따라서 이렇게 작성된 다양한 글은 불특정 다수와도 손쉽게 공유되며 소중한 정보로 활용되기도 한다. 이처럼 우리 시대의 글쓰기는 실생활과 밀접한 관련을 맺고 있으며, 감정 교류 및 정보와 지식 순환의 주된 수단이 된다.

글쓰기의 역할

다음으로 글쓰기의 역할, 글을 쓰는 이유를 생각해 보자. 첫째, 글쓰기는 중요한 자기표현의 수단이자 의사소통의 수단이다. 물론 문자의 발명 이전에도 인간들은 음성 언어를 통해 자신이 파악한 정보 혹은 자신의 생각과 느낌을 표현하고, 서로 소통해왔다. 아울러 현대 사회의 경우 각종 기기의 발달을 통해 더욱 다양한 방식으로 소통과 교류가 이루어지고 있다. 그러나 음성 언어의 존재나 기술의 변화 발전에도 불구하고 문자 언어의 활용도나 가치는 여전히 크다. 20세기 초 영상 기술이 등장하며 바야흐로 문자의 시대는 끝났다는 예측이 대두되기도 했었다. 그러나 우리는 21세기에도 문자와 글이 여전히 건재할 뿐만 아니라 오히려 그 활용 범주를 넓혀가고 있음을 확인할 수 있다. 이는 우선 문자 언어가 시공간의 제한이나 기기의 제한에서 상대적으로 자유롭기 때문이다. 또한 무엇보다도 복잡한 정보나 생각을 정확히 표현하고 전달하기 위해서는 언어적 방법, 그중에서도 문자 언어에 기반한 글이 가장 효과적이기 때문이다.

둘째, 글쓰기를 통해 우리는 성찰한다. 글쓰기의 과정은 그 목적과 필요성을 인식하는 것에서 출발해서 주제 신정, 필요한 자료의 수집 및 선택, 내용의 생성과 구성, 지속적 수정으로 간략히 정리할 수 있다. 이러한 일련의 과정은 문제를 인식하고 필요한 정보를 동원하여 대안을 마련하며 검증 과정을 통해 이를 수정하거나 또 다른 대안을 모색해 나가는 문제 해결 과정과 유사함을 알 수 있다. 어떤 문제를 발견하고 그것에 대해 숙고하고 나름의 해결책을 모색해보는 것은 결국 깊이 있는 생각, 사고와 통한다. 현생 인류를 '호모 사피엔스(homo sapiens)'라고 한다. 인간의 본질적 조건을 사고(思考)에서 찾고 있는 말이다. 인간은 먹고 자며 생명을 유지해 나가는 것으로 만족하지 않고, 끝없이 생각한다. 그리고 생각은 언어 없이는 불가능하다. 이때 주목해 볼 것은 생각이 우선하고 언어가 뒤따르는 것이 아니라 둘은 늘 함께 한다는 사실이다. 글을 쓰며 우리는 스스로의 관심사, 특정 대상에 대한 지식의 유무와 그 정도를 파악하기도 하고 대상에 대한 해석이나 판단을 명확히 하기도 한다. 베레이터는 글을 씀으로써 비판적으로 생각하고 생각한 내용을 수렴하여 확산하는 본격적 의미의 글쓰기를 '인식적 글쓰기'라 명명한다. 대학에서의 글쓰기 수업은 베레이터가 말한 '인식적 글쓰기' 단계, 곧 머릿속의 생각이나 감정을 단순히 문자 언어로 옮기는 행위 이상의 본격적 글쓰기 단계로 나아가기 위한 훈련 과정이라 하겠다. 글쓰기는 이처럼 생각을 생성하기도 하고, 이를 보다 명확히 하고 체계화하며 발전시켜 대상에 대한 풍부하고 깊이 있는 성찰을 가능케 한다.

요컨대 글쓰기 능력이란, 달리 말하자면 각자의 일상 속에서 끝없이 성찰하고 소통하는 능력이다. 우리는 글쓰기가 일상의 전 영역으로까지 확장된 시대에, 구성원 모두가 함께 조종간를 잡고 항해를 해나가는 민주주의 사회 속에서 살아가고 있다. 구성원들이 매사 무관심으로 일관하거나 의견이 있더라도 그것을 드러내지 않고 방관하기만 한다면, 혹은 서로 소통 없이 각자의 목소리만을 높인다면 그 사회의 미래는 장담하기 어려울 것이다. 이러한 맥락에서 '나'를 둘러싼 모든 것들에 대한 관심과 적극적인 의사 표현 그리고 상호 간의 소통 등은 이 시대를 살아가는 우리 모두에게 주어진 권리인 동시에 의무이기도 하다. 생각을 길어내고 붙잡는다는 점에서, 나와 세상에 대한 성찰이자 세상과의 소통이라는 점에서, 글쓰기는 우리 개개인의 삶을 고양하고 사회를 더 나은 곳으로 이끌 수 있는 아주 간단하면서도 매우 강력한 도구이다.

활동

※ 베레이터(1980:74~88)에 의하면, 글쓰기는 다음과 같은 4가지 발달 단계를 보인다. 자신의 글쓰기 능력을 성찰해 보고 자신의 쓰기 능력은 어느 단계에 이르렀는지를 이야기해 보자.

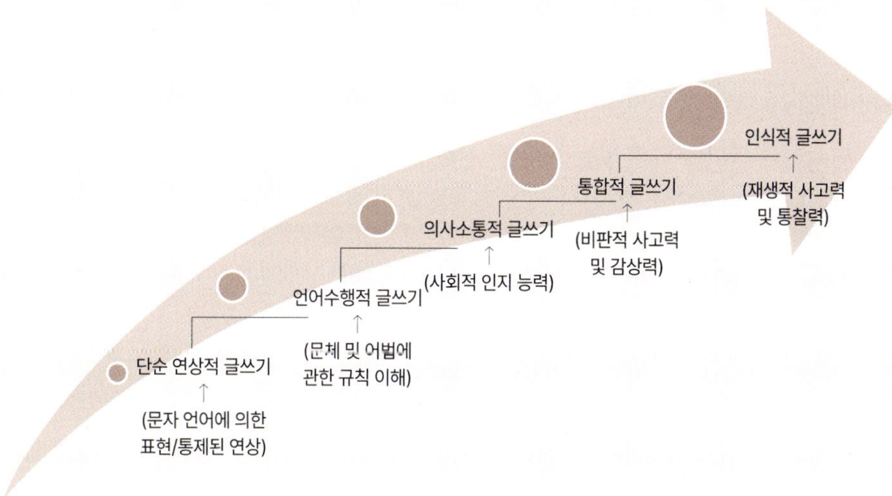

02 좋은 글쓰기의 요건

좋은 글의 요건

'좋은 글'이란 무엇이며, '좋은 글'을 쓰기 위한 요건은 무엇일까. 기본적으로 '좋은 글'은 n개이다. 예컨대 때로는 꾸밈없이 간명하고 오해의 여지가 없는 글이 좋은 글일 수도 있고, 때로는 정확한 답 없이 다채로운 상상이나 더 많은 고민을 하게 하는 글이 좋은 글일 수도 있다. 누가 누구를 대상으로 하여 쓰는 글인지, 어떤 목적으로 쓰는 글인지 등 여러 가지 기준에 따라 좋은 글에 대한 답이 무한히 달라질 수 있기 때문이다. 즉, 좋은 글이란 대상과 목적에 맞는 적합한 내용과 형식을 갖춘 글이다.

따라서 좋은 글을 쓰기 위해서는 우선 글을 쓰는 목적을 생각해 보아야 한다. 정보를 정확히 전달하는 것이 목적일 수도 있고, 설득 혹은 해석이나 평가가 목적일 수도 있으며, 대상에 대한 인상과 감정을 풀어내는 것이 목적일 수도 있다. 좋은 글을 쓰기 위해서는 이와 같은 목적을 고려하여 글의 종류를 선택하고, 그 종류에 맞는 형식을 갖추어야 한다.

아울러 어떤 독자를 대상으로 하는 글인지를 명확히 파악하고 해당 독자에 대해 분석하는 과정 역시 필요하다. 예컨대 전문 지식을 가진 과학 기술자나 오랜 기간 전문적인 훈련을 받아온 예술가가 자신의 영역에 속해 있는 또 다른 전문가와 연구 내용이나 결과물을 공유하기 위해 쓰는 글, 그리고 이와 달리 비전문가와 이를 공유하기 위해 쓰는 글은 달라야 한다는 말이다. 글쓰기의 역할은 소통과 성찰에 있다. 아무리 유용한 정보를 담고 있다고 하여도 그것이 독자에게 제대로 전달되지 못한다면 그 글은 소통에 실패한 글로, 좋은 글이라 하기 어렵다.

마지막으로 '좋은 글'을 쓰기 위해 잊지 않아야 할 것은, 어떤 목적으로 누구를 대상으로 하여 어떤 형식의 글을 쓰든지 글에는 반드시 글을 쓰는 필자 자신의 생각과 관점이 있어야 한다는 점이다. 글쓰기의 역할이 성찰이라는 것은 결국 글이란 사고, 생각이라는 것이다. 단순히 자료를 정리하는 글이라 해도 필자가 무엇을 중요하게 보는가 하는 점이 드러나게 마련이며, 일반적인 글이라면 글의 문제의식에서부터 필자의 생각이나 대상에 대한 감정이 드러난다.

> 새 책을 구입했을 때가 가장 행복한 순간들 중 하나이다. 나는 책장을 넘기고 새로운 세계로 들어간다. 거기에서 내 영혼과 사유에 영향을 끼칠 글들을 발견한다. 내가 쓰는 글들에는 어느새 그런 글들의 흔적이 묻어 나온다. 책을 통해서 내 영혼은 다른 영혼들을 만난다. 그들과 대화한다.
>
> \- 이정우, 『탐독』 (아고라, 2006:388)

철학자 이정우는 이 글에서 글을 쓰고 읽는 행위를 영혼들 간의 "대화"라고 표현한다. 모든 좋은 글은 그 글을 읽는 독자에게 말을 건다. 모호하게 무엇을 알아보겠다는 수준이 아니라 이것이 왜 문제인지, 무엇을 다루려고 하는지 필자가 명확히 인식하고 그것에 깊이 천착할 때 말을 거는 목소리는 커진다. 도스토예프스키는 『까라마조프가의 형제들』의 독자들에게 인간의 본성을 도대체 어떻게 이해해야 할지 사랑의 의미는 무엇일지 생각해 보자며 말을 걸고, 레이첼 카슨은 『침묵의 봄』의 독자들에게 살충제 사용이 생태계에 미치는 영향을 아는지 인간이 초래한 환경문제가 얼마나 심각한지에 대해 말을 건넨다. 대화를 나누고 서로 교감하고 많은 사람들의 공감을 얻게 된다면 글쓰기는 역동적인 힘을 갖게 된다. 『침묵의 봄』이 20세기 대대적인 환경운동을 불러일으켰던 것처럼 말이다. 유려한 문장이나 형식적 완결성을 갖추고 있다고 하여도 자신의 생각과 관점이 결여되어 있다면 애초에 제대로 된 대화는 이루어질 수 없음을 기억해야 한다.

좋은 글을 쓰는 데 필요한 자세

찰스 다윈은『인간의 유래』에서 글쓰기를 술빚기, 빵굽기에 비유한 바 있다. 술빚기, 빵굽기는 인간의 본능적 성향과 무관하며, 발효와 숙성의 시간이 요구된다. 글쓰기 역시 인간의 본능이 아니며 좋은 글을 쓰기 위해서는 시간이 필요하다. 간혹 글쓰기에 어려움을 느끼는 사람이 자신은 재능이 없어서 글을 잘 쓰기가 어렵다고 말하는 경우가 있다. 그러나 글쓰기는 재능의 유무를 떠나 그 누구에게나 쉽지 않으며, 글쓰기 능력은 가만히 있어도 저절로 얻어지는 것이 절대 아니다. 그런 의미에서 오래전 송나라 문인 구양수(歐陽脩)가 말한 글쓰기 핵심 비법 삼다(三多) 즉 다독(多讀), 다작(多作), 다상량(多商量)은 오늘날에도 여전히 유의미하다.

첫째, 좋은 글을 쓰기 위해서는 다양하고 깊이 있는 독서 경험이 필요하다. 글쓰기는 언어 표현 행위이다. 표현 즉 산출 행위는 충분한 입력을 전제로 한다. 다른 사람들이 쓴 글을 읽으며, 쓸거리를 발견할 수도 있고 쓰고자 하는 글의 내용을 풍부하게 생성해낼 수도 있다. 이때 중요한 것은 독서의 자세이다. 글을 읽을 때에는 그 내용을 충실히 파악하고 전하고자 하는 바를 충분히 이해하려는 노력이 선행되어야 하며, 이에 더하여 무비판적 수용을 지양하고 생각하며 읽는 자세를 갖추어야 한다. 이와 같은 독서야말로 좋은 글이라는 산출 행위를 위해 꼭 필요한 질 좋은 입력 행위라고 할 수 있다.

다음으로 필요한 것은 꾸준히 써 보는 것이다. 글쓰기에 있어 재능보다 더 중요한 것은 부단한 노력이다. 타고난 신체적 조건만으로 올림픽 메달리스트가 되는 경우는 찾아보기 어렵다. 오히려 불리한 조건임에도 끊임없는 연습을 통해 훌륭한 성과를 거두는 경우를 찾기가 더 쉬울 것이다. 무심코 지나치기 쉬운 것들을 유심히 살피고, 꾸준히 써 보는 것이야말로 좋은 글을 쓰기 위한 가장 확실한 방법이라 하겠다. 다만 무작정 많이 써 보는 것이 지도나 길이 없는 상태에서 산을 오르는 것이라면, 글쓰기 각 단계에 대한 이해를 바탕으로 체계적인 훈련을 거치는 것은 길을 헤매는 수고를 덜어줄 수 있을 것이다. 글의 장르적 특성과 규범에 대한 이해를 토대로 하여 일련의 글쓰기 절차를 단계적으로 이행해 보는 실질적인 경험이 누적될수록 좋은 글에 한 걸음 더 가까워진다 하겠다.

마지막으로 기억해야 할 것은 좋은 글을 위해서는 많은 생각이 필요하다는 것이다. 소설가 김연수는 대학 시절 눈에 띄는 것을 적느라 자주 길을 멈추곤 했으며, 그러한 행위를 통해 이 세계가 얼마나 정교한 곳인지를 깨닫게 되었다고 말한 바 있다. 그는 이러한 글쓰기 행위를 '일기 쓰기'라고 칭하며, 자신은 바로 이 '일기 쓰기'를 통해 소설가가 되었다고 밝혔다. 김연수는 일기를 "읽는 사람이 없는, 매일의 글쓰기"로 정의한다. 이를 통해 그가 강조하고 있는 것은 일기의 가장 중요한 목적은 쓰는 행위 그 자체에 있다는 것이다. 일기의 목적이 훌륭한 결과물이 아니라 쓰는 행위 그 자체라는 것은 무엇을 의미하는 것일까. 이는 '부단히 적는 행위를 통해 세계의 정교함을 비로소 깨닫는 것'과 다르지 않다. 앞서 우리는 글쓰기의 주된 역할이 성찰, 사고임을 보았다. 행위 자체에 목적을 둔 끊임없는 쓰기란 결국 끊임없는 사유와 같은 말이다. 더 많은, 더 깊은 사유야말로 좋은 글을 쓰는 데 필요한 가장 기본적인 그래서 가장 중요한 자세이다.

활동

1. 아래에 제시된 글을 읽고 '자기이해'와 글쓰기의 관계에 대해 생각해 보고, 글쓰기가 어떻게 'second life'가 될 수 있는지 이야기해 보자.

글쓰기에 괴로움을 호소하는 사람들에게 나는 일기 쓰기를 권하고 싶다. 누구도 읽지 않을 테니 쓰고 싶은 것을 마음대로 써라. 대신에 날마다 쓰고, 적어도 이십 분은 계속 써라. 다 쓰고 나면 찢어버려도 좋다. 중요한 건 쓰는 행위 자체이지, 남기는 게 아니니까. 이것이 바로 「일기, 나를 찾아가는 첫걸음」에 나오는 일기 쓰기 지침이다.

이렇게 하면 글을 자주 쓰게 되는 것만은 틀림없다. 자주 쓰면 많이 쓸 수밖에 없고 결국에는 잘 쓰게 된다. 그런데 일기 쓰기의 이 두 가지 지침에는 그 이상의 의미가 있다. 일기의 목적은 결과물이 아니라 과정에 있다고 앞에서 말했는데, 이 글쓰기 과정을 통해 우리가 도달하게 되는 것은 "나는 나 자신을 이해함으로써 다른 사람들을 이해하고 싶다."는 캐서린 맨스필드의 말처럼, 자기이해다. 자기이해라는 말을 통해 우리는 마법과도 같은 결론에 도달한다.

소설가 D. H. 로렌스는 "사람이 두 번의 삶을 살 수 있다면 좋으련만, 첫 번째 삶에서는 실수를 저지르고 두 번째 삶에서는 그 실수로부터 이득을 얻도록"이라고 말한 적이 있다. 이 말은 한 번의 삶으로는 인생의 의미를 깨닫기 어렵다는 뜻이겠다. 어느 소설에서 나도 쓴 적이 있지만, 사소한 실수라도 되돌릴 수 없다는 점에서 한 번의 삶은 살아보지 못한 것이나 마찬가지다. 그러니 이 인생의 의미를 알아내려면 적어도 두 번의 삶은 필요하다.

그러나 도깨비도 아니고 우리가 어떻게 두 번 이상 삶을 살 수 있단 말인가? 우리가 실수투성이 인생을 살아가는 것도 당연하다. 그렇다고 영 방법이 없는 것은 아니다. 메모 앱인 에버노트의 광고 카피는 'Second Brain'이다. 갑자기 떠오른 아이디어나 해야 할 일 등을 기억하려고 애쓰는 대신 에버노트에 저장해두고 필요할 때마다 꺼내보라는 것이다. 마찬가지로 일기를 상품화하는 회사가 있다면, 그 광고 카피는 'Second Life'가 될 것이다. 캐서린 맨스필드가 말한 자기이해란 바로 이런 뜻이다. 우리는 글을 쓰는 행위를 통해 한 번 더 살 수 있다.

- 김연수,『시절일기』(레제, 2019:19~20)

활동

2. 아래에 인용된 글을 읽고 밑줄 친 핵심 어구를 중심으로 '좋은 글을 쓰기 위한 자세'에 관해 이야기를 나누어 보자.

- 글을 잘 쓰기 위한 노력
- 체계적 글쓰기 훈련
- 글을 고쳐 쓰는 과정 경험

■ 나는 나에게 재능이 있는지 궁금했다. 재능은 누군가를 훨씬 앞선 곳에서 혹은 훨씬 높은 곳에서 출발하게 만드는 듯했다. 재능이 있다면 더 열심히 쓸 참이었다. 만약 없다면 글쓰기 말고 다른 일을 열심히 해볼까 싶었다.
스물아홉 살인 지금은 더 이상 재능에 관해 생각하지 않는다. 그렇게 된 지 오래다. 꾸준함 없는 재능이 어떻게 힘을 잃는지, 재능 없는 꾸준함이 의외로 얼마나 막강한지 알게 되어서다.
남에 대한 감탄과 나에 대한 절망은 끝없이 계속될 것이다. 그 반복 없이는 결코 나아지지 않는다는 걸 아니까 기꺼이 괴로워하며 계속한다. 재능에 더 무심한 채로 글을 쓸 수 있게 될 때까지.

- 이슬아, 「재능과 반복」 (≪경향신문≫, 2020. 6. 16.)
(https://www.khan.co.kr/opinion/column/article/202006160300115)

■ 논술이나 보고서, 기획안 등을 쓰지 않고 살기는 어려운 시대입니다. 그런데 다행인 것은 이런 것들은 노력하면 잘 쓸 수 있다는 것입니다.

- 탁석산, 『탁석산의 글짓는 도서관』 (김영사, 2005:54)

■ 언제 어떤 문서를 쓰게 되더라도 최소한 지켜야 할 사항을 지키면서 이해하기 쉽고 논리적인 문서를 작성하려면 논리적 글쓰기의 원칙과 활용도 높은 접근법을 익혀야 한다.

- 데루야 하나코, 『로지컬 라이팅』 (송숙희·박지현 옮김, 리더스북, 2007:13)

■ 사람들은 큰소리로 말하거나 글로 써보기 전에 자신의 생각이 무엇인지 정확하게 알지 못한다. 또 생각들 사이에 어떤 관계가 있는지 따져보기 전에는 명확하고 간결하게 글로 표현하지 못한다. 이처럼 복잡한 생각을 상대방에게 전달하기 위한 글쓰기는 항상 순환적으로 진행된다. 다시 말해서 자신의 생각이 무엇인지 모를 때는 일단 메모를 한 후에 의도한 바가 정확하게 전달되도록 고쳐 써야 한다.

- 바바라 민토, 『민토 피라미드로 배우는 논리적 글쓰기』
(이진원 옮김, 더난출판사, 2005:8)

03 이공계 글쓰기의 중요성

이공계 글쓰기의 필요성

최근 국내 이공계열 학생을 대상으로 이루어진 한 연구에 따르면, 이공계열 학생들은 자신의 글쓰기에 대한 자가 평가와 글쓰기 중요도에 대한 인식 모두 전체 학생 평균보다 낮은 것으로 나타났다. 실제로 이공계열의 경우 글쓰기 자체에 부담을 갖기도 하고, 간혹 글쓰기는 나의 일이 아니라거나 전공 영역과 관련한 또 다른 표현 매체가 있으니 글쓰기는 그다지 중요하지 않다고 생각하기도 한다. 그러나 오늘날 글쓰기는 이공계열이니까 남의 일로 치부해도 되는 것이 아니라 이공계열이기 때문에 오히려 더욱 중요한 것이 되었다.

미국의 명문 공과대학 MIT는 1960년대부터 글쓰기 교육을 선도해왔다. 1980년대 이후 이러한 흐름은 더욱 강화되어, 현재 MIT의 글쓰기 교육은 일회적으로 그치는 것이 아니라 1,2학년 때는 교양과목, 3,4학년 때는 전공과목 가운데 일부를 글쓰기 연계 과목(Communication Intensive)으로 지정하여 모든 학생들이 매학기 필수적으로 이를 이수하도록 구성되어 있다. 이에 따라 교육의 범위 역시 단순한 정보전달식 글쓰기에 한정되지 않고 SF 소설이나 시까지 포괄할 정도로 폭이 넓은 것으로 알려져 있다. MIT의 이러한 글쓰기 교육 확대와 강화는 졸업생들을 대상으로 한 대대적인 설문조사 결과에 기반한 것이다. MIT를 졸업한 이공계열 전공자들의 상당수가 사회에 진출한 이후 업무의 상당 부분이 글쓰기와 관련되어 있으며 승진을 할수록 글쓰기 관련 업무가 늘어난다는 점을 들며 대학에서 글쓰기 교육이 강화될 필요가 있다고 답했던 것이다.

첨단기업과 연구소 등에 취직해 사회생활을 하게 된 이들 졸업생들의 경험에 따르면, 업무의 3분의 1 이상이 읽고 생각하고 글로 쓰는 일이었다. 이를테면 새로운 프로젝트를 시작하기 위해서는 제안서가 필요하다. 특정 프로젝트에 시간과 돈을 투자할지 말지는 제안서의 타당성에 따라 결정된다. 제안이 채택되었다면 정해진 기한에 맞추어 프로젝트의 진행 상황을 알리는 상황 보고서를 작성해서 경영진에 알리고 유관 파트의 협조를 구해야 한다. 프로젝트가 끝나면 결과 보고서를 작성해야 하고, 본격적인 사업화를 위해서는 사업 기획서를 제출해야 한다. 즉 업무를 수행함에 있어 아이디어를 메모하고 기획하는 단계에서부터 진행하고 결과를 밝히는 단계에 이르기까지 거의 모든 단계에서 글쓰기가 필요한 것이다.

또한 이공계열 전공자들의 경우 개별적으로 실험이나 프로젝트를 운영하는 경우가 극히 드물다. 상당수의 작업은 팀을 이루어 진행되며, 작업의 원활한 진행을 위해서는 팀원들과의 의사소통이 필수적이다. 그리고 실험이나 프로젝트를 통해 성과를 내기 위해서는 연구결과를 발표하고 그 결과를 인정받는 과정이 뒤따라야 한다. 이 과정에서 이공계열 전공자들에게는 해당 전공자들과 소통하는 것뿐만 아니라 각 전공 영역의 언어에 익숙하지 않은 사회 구성원들 곧 전공이 다른 동료들이나 협력 업체, 정부 기관 혹은 일반 대중들과도 효과적으로 소통할 수 있는 능력이 요구된다.

이공계 글쓰기의 사회적 역할

스티브 잡스는 "애플의 DNA에는 인문학이 새겨져 있다."고 말했고, 빌 게이츠는 "인문학이 없었다면 나도 없고 컴퓨터도 없었다."고 말했다. 이 말의 의미는 무엇일까. 이를 통해 우리가 주목해 보아야 할 점은 단순히 인문학이 과학 기술에 영감을 준다거나 영향을 미친다는 것은 아니라, 일반적인 생각과는 달리 둘의 관계가 별개로 분할된 것이 아니라는 것이다. 각각의 DNA에는 서로가 새겨져 있는 것이다. 애초에 과학 기술은 인간의 삶과 별개로 존재하는 것이 아니며, 과학 기술의 변화 발전은 문명사, 곧 인류의 사상이나 문화 등에 획기적인 변화를 가져왔다. 찰스 다윈의 『종의 기원』은 생물학에만 영향을 미친 것이 아니라 인류가 생물과 인간을 보는 시선 자체를 변화시켰고, 알베르트 아인슈타인의 상대성 이론은 자동차 내비게이션이나 휴대전화를 사용할 때에만 활용되는 것이 아니라 시공간과 물질, 에너지에 대한 새로운 기준을 세우며 인류로 하여금 진리와 절대성에 대해서도 보다 깊이 사유하게 만들었다. 이처럼 과학과 기술은 우리의 삶의 방식과 세계의 양태를 변화시켜왔고, 그 과정에는 늘 글쓰기가 있었다.

오늘날은 '과학 전성시대'라는 말이 있을 정도로 과학 기술에 대한 관심이 뜨거운 시대이다. 최근 30여 년간 인류가 새롭게 접하게 된 정보의 양이 인류 문명의 시작부터 1980년대까지 알고 있었던 정보량보다도 더 많다고도 한다. 과학 기술의 변화 속도 역시 숨가쁠 정도로 빨라지고 있다. 이에 따라 과학 기술자에 대한 사회적 기대는 점점 높아지고 이들의 사회적 책임 역시 커지고 있다. 이제 우리 사회는 과학 기술자가 실험실에서 단순히 자기 영역 전공자와만 소통하는 것에서 그치지 않고 각자가 가진 정보나 지식을 더 많은 사람들과 공유하기를 바란다. 이는 우선 현대에 있어 과학 기술의 중요성이 갈수록 커지고 있기 때문이며, 각 전문 영역의 과학 기술자들이 가진 지식이나 판단 능력이 우리가 살아가는 세상에 실질적인 영향을 미치기 때문이기도 하다.

생물학자 최재천은 "공학과 과학을 하려면 글쓰기 실력부터 키워야 한다. 알기 쉽게 얼마나 잘 썼는냐에 따라서 미래가 결정된다."고 말한다. 이공계열 전공자가 자신의 역량을 충분히 발휘하고 그것을 폭넓게 인정받는 데 있어 글쓰기 실력이 얼마나 중요한 역할을 하는지를 짐작하게 하는 말이다. 아울러 과학 기술은 특정 집단이나 실험실 안에서만 머무르지 않으며, 다양한 이름으로 알게 모르게 우리의 삶에 직접적인 영향을 미친다. 실제로 코페르니쿠스, 뉴턴, 다윈, 왓슨, 카슨, 파인만, 솔제니친 등을 비롯해, 우리나라에서도 생물학자나 뇌과학자 혹은 화학자 등 이공계열 전공자이면서 작가이기도 한 예는 어렵지 않게 찾을 수 있다. 이러한 과학 기술자들의 글쓰기를 통해 대중들은 각 해당 영역에 대한 이해도를 높이고 이들이 풀어낸 전문 지식들과 우리 삶의 상관관계를 모색하게 된다. 이러한 역할은 이공계만이 할 수 있는 것이다. 작게 보아 과학 기술자 그 자신의 역량을 보다 폭넓게 발휘하기 위해서, 크게 보아 우리 사회의 긍정적 변화를 위해서 이공계 글쓰기는 더없이 중요하다.

활동

※ 아래에 제시된 글을 읽고 '과학적 사고력의 중요성'에 대해 생각해 보고, 특히 우리 시대에 이공계열 글쓰기가 어떤 사회적 역할을 담당하는지에 대해 이야기해 보자.

현대인이 누리는 문명의 이기는 다양한 분야의 과학 발전 과정에서 유래한 기술 덕분이다. 이제는 과학기술들이 급속도로 서로 연결되면서 거대한 과학기술시스템을 이루고, 나날이 그 규모를 키워가고 있다. 그것의 힘은 이미 우리의 생활을 바꾸기 시작했고, 훨씬 더 큰 변화를 예고하고 있다. 바야흐로 과학의 시대다.

국립국어원에서 제공하는 표준국어대사전에서는 과학을 이렇게 정의하고 있다. "보편적인 진리나 법칙의 발견을 목적으로 한 체계적인 지식. 넓은 뜻으로는 학을 이르고, 좁은 뜻으로는 자연과학을 이른다." '진리나 법칙의 발견'이 심오한 학문적 탐구만을 이르는 것은 아니다. 일상생활에서 끊임없이 부딪히는 문제를 해결하려는 노력도 과학이다. 과학이 알고 있는 사실에 근거해서 어떤 현상의 원리를 체계적으로 설명하려고 하듯이, 우리도 가용한 정보를 최대한 동원하여 당면한 문제를 해결하려고 애쓰기 때문이다. 더욱이 과학의 시대인 만큼 현실의 많은 문제가 과학과 관련된다. 바꾸어 말하면, 과학적 지식과 사고력이 문제 해결의 핵심 열쇠라는 얘기다. 당장 '생활 속 과학'을 통해 대중매체에 등장하는 과학적 내용을 제대로 이해하면 막연한 기대나 공포에 휘둘리지 않음은 물론이고, 해당 이슈에 대한 사회적 논의에 능동적으로 참여할 수 있다.

최근 30여 년간 인류가 새롭게 접하게 된 정보의 양이 인류 문명의 역사 시작부터 1980년대까지 알고 있었던 정보량보다도 더 많다고 한다. 우리는 그야말로 정보의 홍수 속에 살고 있다. 그렇다면 지금 우리에게 가장 필요한 것은, 넘치는 정보를 꿰어 새로운 지식을 만들 수 있는 사고력, 즉 창의력 또는 상상력이 아닐까? '과학적 사고력'을 키우지 않고서는 맺을 수 없는 열매이다.

과학에 대한 이해가 이루어지려면 소통의 능력을 길러야 한다. 과학자는 과학에서 멀리 떨어져 있는 사람들과 소통할 수 있는 능력을 겸비해야 하며, 거꾸로 일반인들은 과학자들과 대화할 수 있는 과학 교양을 배양할 필요가 있다. 과학자가 건강한 인문정신이 결여되면, 과학이 인류의 안녕과 번영의 견인차가 아니라 자칫 인간과 자연을 황폐화시키는 도구로 전락할 위험이 있다고 흔히들 말한다. 마찬가지로 인문학자가 인문학의 울타리에 갇혀 과학에 무지하다면 세계를 올바로 이해할 수 없으며, 그것은 인문정신에도 위배된다. 과학의 시대에는 과학적 소양이 과학자에게만 필요한 것이 아니라, 전공에 상관없이 모든 사람들이 반드시 갖춰야만 하는 필수 교양이다.

- 김응빈(2020.3), 「과학은 교양이다」, webzine 『CROSSROADS』 174호, 아시아태평양이론물리센터.
(http://crossroads.apctp.org/myboard/read.php?id=1527&Board=n9998)

04 대학 생활과 학술적 글쓰기

학술적 글쓰기의 개념과 범주

대학은 지식 소통의 장소이다. 대학 생활의 목적은 단순히 학문적 지식을 습득하는 데에서 그치는 것이 아니라, 습득한 지식을 자기화하고 구체적인 언어로 풀어내며 타인과 소통하는 방법을 익히는 데에도 있다. 따라서 대학 생활에서 글쓰기의 의미는 매우 크다. 글은 목적이나 서술 방식 등 서로 다른 기준에 따라 다양하게 나누어 볼 수 있는데, 학술적 글쓰기는 이 중 글의 용도에 따른 분류 중 한 항목이다. 일상생활에서의 필요를 충족시키기 위한 실용적인 글이나 언어 예술인 문학적인 글과는 달리, 학문 공동체인 대학에서 이루어지는 학술적 소통 방식에 따라 지식을 이해하고 표현하는 글쓰기를 바로 학술적 글쓰기라고 한다. 학술의 사전적 의미는 "학문과 기술", "학문의 방법이나 이론"이다. 즉 학술은 지식과 이론의 생산, 세계에 대한 인식 및 이를 토대로 한 활동 전반을 아우르는 말이다. 요컨대 진리 추구, 지식의 생산 등 학술적 글을 쓰는 행위가 곧 학술적 글쓰기인 것이다.

학술 활동으로서의 글쓰기가 가진 가장 중요한 특성은 논리적 입증이다. 즉 학술적 글쓰기 활동과 여타의 글쓰기 활동은 논리적 입증 유무나 그 수준 등에서 차이를 갖는다. 수용 가능한 합리적 근거를 토대로 하여 어떤 견해의 타당함을 입증하는 글은 학술적 글쓰기라고 할 수 있다. 즉 학술적 글쓰기라면 필자만의 해석이나 주장을 펼치는 데에서 그치지 않고 논리적 타당성을 갖추어 충분한 근거를 제시해야 한다. 이때 근거는 필자가 하고자 하는 말과 밀접한 관련을 가지고 있으며 합리적으로 받아들일 수 있는 것이어야 한다. 아울러 근거를 제시하는 과정에서 논리적 빈틈이 없는지를 살피는 것도 중요하다. 학술적 글쓰기라고 하면 가장 먼저 떠올리게 되는 것은 논문일 것이다. 그러나 학술적 글쓰기는 논문으로 한정되지 않는다. 대학생활 중에서 경험하게 되는 학술적 글쓰기의 대표적 예는 보고서라 할 수 있으며, 이 외에도 크게 보면 칼럼 · 서평 등 역시 학술적 글쓰기에 포함될 수 있다.

학술적 글쓰기의 요건과 의의

좋은 글은 그 목적과 대상에 따라 달라진다. 어떤 목적을 가지고 어떤 독자를 대상으로 하여 쓰는 것인지에 따라 글의 종류가 달라지며, 적합한 내용이나 형식 또한 달라지게 된다. 합리적 근거를 토대로 하여 필자의 견해를 논리적으로 입증하는 학술적 글쓰기의 경우 특히 내용과 형식 측면에서 더욱 주의가 필요하다. 좋은 학술적 글쓰기를 위해서는 우선 내용적으로는 충분한 자료 검토를 통해 자신의 해석이나 견해 등 주장을 세워야 하고 문헌 연구나 다양한 조사 · 실험 등을 통해 밀도 있는 논증이 이루어져야 한다. 그리고 학술적인 글의 각 유형에 따라 형식적 조건을 충족시켜야 한다.

학술적 글쓰기의 대표적 예라고 할 논문이나 대학 생활에서 빈번하게 작성하게 되는 보고서는 형식적 구속이 매우 강한 글이다. 대학 생활 중 쓰게 되는 많은 글을 보고서로 통칭하곤 하지만 이를 자세히 살펴보면 보고서도 그 목적에 따라 요구되는 바가 다름을 알 수 있다. 전공이나 수강하는 과목에 따라 조사 보고서, 답사 보고서, 실험 보고서, 문헌 연구 보고서 등 서로 다른 유형의 보고서를 작성하게 된다. 조사 보고서, 답사 보고서 등은 분석 대상에 대한 면밀한 조사와 내용 정리를 주로 요구하며, 실험 보고서는 목적에 맞는 순서 설계 그리고 실험 과정 및 결과에 대한 치밀한 관찰 · 분석을 요구한다. 문헌 연구 보고서는 비록 학위 논문 및 전문적 논문의 수준을 갖추지는 못할지라도 그에 가깝게 본격적 연구의 탐색 과정과 새로운 가치의 발견을 요구한다. 이들 각각의 보고서를 잘 작성하기 위해서는 요구되는 내용을 정해진 형식적 조건을 갖추어 서술하여야 한다. 이를테면 조사 보고서는 연구 대상이나 절차, 결과를 순차적으로 기술하여야 하며 답사 보고서는 조사 개관에서 조사 지역 및 일정을 밝히고 답사 결과를 후술하여야 한다. 실험 보고서의 경우 서론, 재료 및 방법, 결과 및 토의 등의 일정한 형식이, 문헌 연구 보고서의 경우 도입, 본문, 마무리의 기본 구성뿐만 아니라 장 · 절 · 항의 체계를 갖춘 목차, 인용 · 주석 및 참고문헌 등의 형식이 요구된다. 이들 각 보고서의 종류 및 문헌 연구 보고서의 구체적 특징은 5장에서 본격적으로 다룰 것이다. 〈글쓰기〉 수업에서는 이 중에서도 문헌 연구 보고서를 단계별로 함께 작성하는 과정을 거치며, 이를 통해 보고서의 형식 및 바람직한 논증 방식을 익혀나가게 된다.

학술적 글쓰기의 가장 중요한 특성이 논리적 입증이라고 할 때, 특히 문헌 연구 보고서의 경우 어떤 자료를 어떤 방식으로 활용할 것인지가 매우 중요하다. 문제와 관련된 개괄적인 자료를 확인하고 정리한 후에 보다 구체적이고 전문적인 자료를 검토해 나가야 하며, 이러한 자료 검토 과정을 통해 자료에 대한 평가 및 유용성을 판단해야 한다. 쏟아지는 정보 홍수 속에서 유의미하고 신뢰성 있는 자료를 확보해 내는 것은 결코 쉬운 일이 아니다. 오늘날 우리는 다양한 경로를 통해 전과 비교할 수 없을 정도로 여러 유형의 자료를 광범위하게 접하게 되는데, 이때 모든 자료의 가치나 무게가 동일하지 않다는 점에 유의해야 한다. 출처나 내용이 명확히 검증되지 않은 자료는 논리적 입증에 도움이 되지 않는다. 이러한 점에서 완성도 높은 학술적 글쓰기를 위해서는 검증 과정을 거친 전문자료의 적절한 활용이 요구된다.

대학에서 이루어지는 글쓰기의 본질적 목적은 자신의 생각을 정립하고 이를 논리적으로 상대방에게 전달함으로써, 특정 학문 분야를 넘어 다양한 영역의 사람들과 보다 정확하고 자유롭게 소통할 수 있는 능력을 키우는 것이다. 따라서 대학 글쓰기 수업의 목표는 글쓰기와 관련된 이론이나 정보의 습득에 그치지 않는다. 우리가 익혀야 할 가장 중요한 것은 생각을 길어내고 구조화하고 표현해내는 과정이다. 지금으로부터 160여 년 전 이튼(Eton) 스쿨의 교장 코리(W. J. Cory)는 학생들에게 그들이 하고 있는 일이 지식의 습득이 아니라 비판적으로 사고하는 힘을 기르는 것임을 역설한 바 있다. 그는 지식은 잃어버려도 그 그림자는 남아 우리를 지켜줄 것이라 말한다. 아무리 최신의 지식이라고 하여도 시간이 흐르면 그것은 낡거나 혹은 기억 속에서 완전히 잊히기도 한다. 그러나 대상에 대해 비판적으로 생각하고 그것을 명료하게 표현해 내기 위해 노력하며 우리가 경험하게 되는 것들, 그리고 이를 거듭하며 우리가 습득하게 된 능력은 쉽게 사라지지 않고 우리의 삶에 지속적으로 영향을 미칠 것이다. 이러한 측면에서 본다면 글쓰기, 특히 학술적 글쓰기는 일반 대학 교육의 본질과 정수를 담고 있는 것이기도 하다.

왈농

※ 아래에 제시된 글을 읽고, 대학생에게 학술적 글쓰기가 왜 필요한지 이야기를 나누어 보자.

시험에 필요한 지식을 가능한 빨리 학생들의 머리에 주입시키는 것만이 능사라면 학술적 글쓰기는 대학에서 의미가 없을 것이다. 이런 일을 위해서라면 아마도 강의노트와 필기시험과 연계되어 있는 강의 하나면 충분하다. 하지만 이런 종류의 수업은 효과적이지 못하다. 왜냐하면 듣고 읽어서 얻은 지식은 불완전한 지식으로 금세 다시 잊히기 때문이다. 읽기와 듣기는 제한적으로만 지식을 심화시킨다. 잘 쓴 텍스트는 독자에게 내용을 공개한다기보다는 오히려 주제를 이용해 독자를 유도하려는 책략을 구사한다. 좋은 텍스트는 맥락을 실제보다 더 그럴듯하고 논리적인 것으로 보이게 하고 비판을 받을 부분이 어디에 숨어 있는지 결코 독자들이 알지 못하게 한다.

이와 반대로 독창적인 텍스트로 된 글쓰기는 문제와 직면하게 한다. 여러분이 쓴 모든 문장은 여러분에게 스스로 질문하도록 강요한다. 대관절 무엇을 말하려고 하는가? 이것이 올바른 개념인가? 이런저런 진술이나 이론을 제대로 이해했는가? 이런저런 연구 성과를 어떻게 정리할 것인가? 이 사실을 주어진 사실로 가정할 수 있는가? 사람들이 내 분야에서 이러한 맥락을 놓고 어떻게 논증할까? 글쓰기란 떨어져 있는 지식을 정리하는 것을 말한다. 지식을 정리하고 능동적으로 처리함으로써 학습자는 설 수 있다. 이렇게 함으로써 생각을 독창적으로 만들 수 있고 지식을 확고하게 세울 수 있다는 말이다.

글쓰기는 지식을 스스로 숙고하고 독창적인 언어로 표현할 것을 요구한다. 대학에서의 글쓰기는 지식을 단순히 언어화하는 것이 아니라 정보, 아이디어, 사실, 의견, 그리고 경험을 능동적으로 가공하여 전문지식으로 만드는 것을 의미한다. 이때 강의에서처럼 남의 손을 빌려 지식을 취하는 것이 아니라 원전으로 직접 다루어야 할 것이다. 특정 주제의 전문성을 어느 정도 확보하려면 손수 작성한 결과물이 있어야 한다.

- 오토 크루제, 「대학에서 왜 글쓰기를 하는가?」, 『공포를 날려버리는 학술적 글쓰기 방법』
(김종영 옮김, 커뮤니케이션북스, 2009:5~6)

글쓰기 자연과학·공학계열

02 글쓰기의 윤리

02 글쓰기의 윤리

01 글쓰기의 윤리와 윤리 위반 사례

글쓰기의 윤리

글쓰기 윤리란 글쓰기 과정에서 마땅히 지켜야 할 도덕적 · 윤리적 관념과 그에 따른 규범을 의미한다. 글쓰기에서 요구되는 윤리는 지식과 정보를 공유하는 올바른 태도와 관계가 있다. 보다 구체적으로 말하자면, 글을 쓸 때 타인의 창작물을 동의 없이 함부로 가져다 쓰지 않으며, 이를 활용할 때에는 일정 형식에 맞춰 그 사실을 밝혀주는 것이 올바른 태도이다. 그렇다면 글쓰기 과정에서 이러한 윤리의식이 왜 필요한가?

첫째, 신뢰를 바탕으로 해야만 글을 통한 진정한 소통이 가능하기 때문이다. 글은 남과 소통하는 매우 중요한 방식이다. 그런데 소통이란 기본적으로 진실을 기반으로 한 신뢰가 존재할 때 가능하다. 표절은 이러한 신뢰를 무너뜨리는 행위이므로 표절을 범한 글로는 진정한 소통이 이루어질 수 없다.

둘째, 현대 사회에서 글쓰기의 윤리의식이 지속적으로 강화되고 있기 때문이다. 과학이 발달하고, 공유하고 누릴 수 있는 지식이 방대해진 만큼 그에 대한 책임 의식도 높아질 수밖에 없다. 그에 따라 단순히 도덕적 책임을 묻는 단계에서 벗어나 법적 책임을 묻게 되는 경우도 늘어나고 있다. 그렇기 때문에 무엇보다도 글쓰기 윤리와 관련한 지식을 숙지해야 할 필요가 있다. 특히 대학생의 경우 표절이나 조작이 인터넷을 통해 손쉽게 이루어지는 경우가 많다. 이는 거꾸로 생각하면 인터넷을 통해 언제라도 자신의 부적절한 행위가 쉽게 세상에 드러날 수 있다는 의미이기도 하다.

셋째, 대학생으로서 갖추어야 할 학습 윤리를 지키기 위해서이다. 지식을 배우고 익혀야 할 학생으로서, 교양을 갖추어야 할 지성인으로서, 학습 과정에서 윤리를 지키는 일은 매우 중요하다. 글쓰기 윤리 위반 행위의 대표적인 경우는 표절(剽竊)이다. 표절이란 타인의 저작물을 마치 자신의 것처럼 공표(公表)하는 행위인데, 이때 한자어 '절(竊)'에는 '도둑질하다, 훔치다'라는 의미가 있다. 표절은 영어로 'plagiarism'이라 하는데, 이 단어의 라틴어 어원을 거슬러 올라가면 '어린아이 납치'라는 뜻을 지니고 있다. 즉, 표절은 다른 사람의 정신을 훔치거나 납치해 가는 매우 비도덕적인 행위이다. 따라서 학습 과정에서 우리는 타인의 창작물을 인정하는 정직한 태도를 갖추어야 한다.

넷째, 나 자신을 지키고 존중하기 위해서이다. 글쓰기의 윤리가 필요한 근본적인 이유는 글쓰기 과정에서 작성자인 '나'를 건강하게 지키고 가꾸기 위해서이다. 타인을 배려하는 도덕심 이전에 본질적으로 나를 사랑하고 존중하기 위해 자신을 배반하지 않는 정직성이 필요하다.

글쓰기의 윤리 위반 사례

대학에서 글쓰기의 윤리를 위반하는 경우는 과제 제출 마감 시간에 대한 압박감이나 학점에 대한 기대와 부담감 때문이기도 하지만, 대부분 자신의 행위가 윤리적으로 문제가 되는지 잘 몰라서 생기기도 한다. 따라서 이 장에서는 글쓰기 윤리 위반 행위의 종류와 그에 따른 사례를 살펴보기로 한다. 혹시 자신이 부지불식간에 이와 관련한 행위를 범하지는 않았는지, 스스로 살피고 점검해 볼 수 있을 것이다.

ㄱ. 자료 조작 : 위조와 변조

'조작(造作)'이란 어떤 일을 사실인 것처럼 위조 혹은 변조하는 것을 의미한다. 위조(僞造)는 존재하지 않는 데이터나 연구 결과 등을 허위로 만들어 내는 행위이며, 변조(變造)는 연구 재료, 장비, 과정 등을 인위적으로 부분 조작하거나 데이터를 임의로 변형, 삭제함으로써 연구 내용이나 결과를 왜곡하는 행위이다. 위조나 변조 모두 거짓 자료를 진짜라고 속이는 비윤리적 행위이다.

다음은 실험 과정에서 데이터를 위조한 경우이다.*

* 실험 관련 데이터는 다음의 자료에서 인용했다.
한국과학기술지편집인협의회, 『이공계 연구윤리 및 출판윤리 매뉴얼』, 한국연구재단 정책연구보고서, 2014, 19~20쪽.

<표 1-1> 실제 데이터			
측정	Time course		
	1시간	3시간	5시간
#1	미측정	미측정	17
#2	미측정	미측정	20

<표 1-2> 실험 결과로 발표한 데이터			
측정	Time course		
	1시간	3시간	5시간
#1	4	10	17
#2	6	11	20

〈표 1-1〉에서 알 수 있는 바와 같이, 1시간과 3시간의 데이터 값을 측정하지 않았음에도 불구하고 〈표 1-2〉의 실험 결과에 근거 없는 숫자를 기입하였다. 이처럼 실제 측정이 이루어지지 않았음에도 마치 실험한 결과인 것처럼 숫자를 마음대로 넣는 경우는 데이터 위조에 해당한다.

다음은 실험 과정에서 측정값의 변화가 일직선으로 증가하는 패턴으로 나오도록 데이터를 변조한 경우이다.

<표 2-1> 실제 데이터			
측정	Time course		
	1시간	3시간	5시간
#1	5	3	17
#2	7	2	20

<표 2-2> 실험 결과로 발표한 데이터			
측정	Time course		
	1시간	3시간	5시간
#1	5	10	17
#2	7	11	20

〈표 2-1〉에 나타난 바와 같이, 3시간 측정값은 각각 3, 2이다. 그러나 발표한 〈표 2-2〉 실험 결과에는 각각 10, 11로, 실제 측정한 기록이 아닌 숫자를 임의로 기입하였다. 아마도 실험 과정에서는 점차 증가하는 추세의 데이터를 기대했을 것이다. 그러나 어떤 변인에 의해 실제 측정된 값은 예상했던 바와 다르게 나왔다. 이처럼 이미 측정하여 나온 결과가 실험 이론이나 애초의 예상과 맞지 않을 때, 데이터를 임의로 생략하거나 바꾸어 연구 결과가 사실과 다르게 나타나도록 하는 것은 명백한 윤리 위반 행위이다.

학생들이 위조와 변조를 반드시 의미상 구분하여 적용해야 할 필요는 없다. 오히려 데이터를 마음대로 '조작'했다는 측면에서, 위와 같은 경우는 실험 과정에서 수행해서는 안 될 일이라는 점을 명심하는 것이 중요하다. '조작'이 심각한 문제인 이유는 자료의 정보가 정확해야 할 과학 분야에서 다른 사람들에게 잘못된 정보를 전하여 피해를 입힐 수 있기 때문이다. 조작된 정보는 진실을 왜곡할 뿐 아니라 잘못된 정보를 확산시켜 많은 사람들을 혼란스럽게 할 수 있다.

실험 과정에서는 수많은 변수에 의해 의도치 않은 실험 결과가 나올 수 있다. 설혹 그것이 이론이나 예상과 다르다 하더라도, 실험 결과를 임의로 조작하는 행위는 옳지 않다. 오히려 실험 결과를 정확히 표시하고, 관련 이론이나 예상과 맞지 않게 된 원인을 찾아 실험 보고서에 명시해준다면, 윤리적인 측면에서나 실험 과정의 측면에서도 더욱 가치 있는 실험 보고서를 작성할 수 있을 것이다.

ㄴ. 표절

표절(剽竊)이란 앞서 언급한 바와 같이 타인의 저작물을 마치 자신의 것처럼 공표(公表)하는 행위이다. 기준에 따라 여러 가지가 있겠지만 크게 '생각'에 대한 표절과 '표현'에 대한 표절, '자기복제'로 나누어볼 수 있다.*

① 생각에 대한 표절

다른 사람의 아이디어, 생각, 개념, 내용 등을 출처 표시 없이 가져오거나, 왜곡하여 인용하면 표절이다. 따라서 다른 사람의 글을 참고했다면 해당 내용을 반드시 표시해 줘야 하며, 나의 의도 및 편의에 맞게 함부로 왜곡하여 인용하면 안 된다. 인용할 경우에는 반드시 원저자의 생각을 본의에 맞게 충실하게 제시해야 한다.

② 표현에 대한 표절: 자구(字句)에 대한 표절

인용부호 없이 다른 사람의 문장 중 연속으로 여섯 단어 이상을 가져오면 출처를 표기했더라도 표절이 된다. 이런 경우, 큰따옴표를 사용해서 해당 부분을 '직접 인용'하였다는 사실을 밝혀주어야 한다. 직접 인용은 원문의 표현을 변형시키지 않은 채 써야 하며, 이를 다르게 인용하였을 경우 표절에 해당된다.

③ 자기 복제: 중복 게재, 자기 표절

자신이 발표한 아이디어나 문서라 하더라도 인용이나 출처 표시 없이 재사용하는 경우 문제가

* 이에 관한 설명은 다음의 자료를 참고하여 정리한 것이다. 김태환(2012), 『인용법(개정판)』, 서울대학교 교수학습개발센터 글쓰기교실 ; 서울대학교 대학국어편찬위원회(2009), 『대학국어』, 서울대학교 출판부.

될 수 있다. 한 편의 글을 두 곳 이상의 지면에 똑같이 발표하는 경우 중복 게재에 해당한다. 대학생의 경우 하나의 동일한 과제를 서로 다른 과목의 과제로 제출한다면 중복 게재를 범하게 된다. 한편, 이전에 작성하여 발표한 글의 일부분을 새로 작성하는 글에 출처를 밝히지 않고 사용할 경우 자기 표절에 해당한다. 이전 것을 새것처럼 보이게 하므로 이 역시 남을 속이는 행위이다.

이처럼 자신의 아이디어나 글을 출처 표시 없이 재사용하는 의도는 대부분 자신의 실적을 부풀리기 위해서이다. 노력 이상의 실적이나 결과를 바라는 이기심과 욕심 때문에, 자기 복제라는 비윤리적 행위를 하게 된다. 가장 안전하고 바람직한 방법은 자신의 글이라도 다시 사용할 경우에는 인용을 정확히 해 주는 것이다.

이상의 내용을 종합해 보았을 때, 이공 계열 학생들의 학습 상황을 고려하여 표절이 일어나는 구체적인 상황을 정리해 보면 다음과 같다.

- 실험 과정에서 관련 연구 이론을 출처 없이 가져다 쓰는 경우
- 개인 연구나 개인 보고서 작성 과정에서, 다른 사람의 독특한 실험 과정을 마음대로 가져다 쓰는 경우
- 중요한 이론, 결과(의견) 등을 도출하기 위해 다른 사람이 쓴 수식 과정을 임의로 가져다 쓰거나, 짜깁기하여 제시한 경우
- 이미 제출한 과제를 다른 강의에 제목만 바꾸어 제출하는 경우

특히 표, 그림, 모식도(模式圖), 슬라이드, 컴퓨터 프로그램, 수학 풀이 과정 등 데이터를 제시하는 과정에서도 표절이 발생할 수 있으므로 주의해야 한다.

활동

1. <보기>를 참고하여 각자 전공에 따라 글쓰기의 윤리를 위반하는 구체적인 사례들에 대해 이야기해 보자.

<보기>

일반 화학 '분자량 측정' 실험에 참여하지 않았음에도 불구하고, 직접 실험을 한 다른 친구의 실험 측정값(플라스크와 알루미늄 뚜껑의 무게, 응축된 시료가 담긴 플라스크와 알루미늄 뚜껑의 무게, 응축된 시료의 무게, 끓는 물의 온도, 대기압, 플라스크의 부피)을 임의로 가져가 실험 보고서를 완성하여 제출했다.

2. 당신이 케플러라면 이와 같은 상황에서 어떻게 하겠는가? 다음 글을 읽고 동료 학생과 함께 이야기해 보자.

당시의 행성의 겉보기 운동에 관하여 누구보다 정확한 관측 자료를 다루는 딱 한 사람이 있었다. 그는 고국을 버린 덴마크의 귀족으로, 신성 로마 제국 황제 루돌프 2세의 황실 수학자로 일하고 있던 튀코 브라헤였다. 튀코 브라헤는 망원경 발명 전부터 35년 동안 우주의 정확하고 질서정연한 움직임을 측정하는 데 모든 것을 바친 인물이었다. 케플러는 이 위대한 튀코 브라헤의 동료가 되겠다는 소망을 키워 갔다.

그러나 튀코 브라헤는 화려한 것을 좋아하는 사람이었다. 그의 주변은 늘 소란스러웠고 많은 사람들로 북적거렸다. 조수, 아첨꾼들, 먼 친척뻘의 사람들, 식객 행세하는 어중이떠중이들로 들끓었다. 이들은 진탕 먹고 마시고 떠들기, 남을 빈정대기, 음모 꾸미기로 세월을 보내며 신앙심 깊은 촌뜨기 학자인 케플러를 잔인하게 놀려댔다.

튀코 브라헤는 천문 관측 자료를 보고 싶어 안달하는 케플러에게 자투리 자료만 조금씩 툭툭 던져 주고는 했다. 평생 애써 모은 자료를 이 새파랗게 젊은 잠재적 경쟁자에게 "여기 있다. 너 가져라." 하는 식으로 그냥 넘겨 줄 튀코 브라헤가 아니었다.

튀코 브라헤가 죽은 뒤에야 케플러는 그의 관측 자료를 얻었다. 케플러는 행성들 궤도의 경계가 나섯 개의 플라톤 정다면체에 따라 정해진다고 가정하고 받은 자료를 분석하기 시작했지만, 코페르니쿠스의 결과와 마찬가지로 튀코 브라헤의 관측 자료도 자신의 가설을 뒷받침해 주지 못했다.(중략)

기원전 6세기의 피타고라스로부터 플라톤, 프톨레마이오스 그리고 케플러 이전까지 살던 기독교 세계의 천문학자들은 모두 원이 '완벽'한 기하학적 도형이므로, 행성들은 마땅히 원 궤도를 따라 돌아야 한다고 믿었다. 행성들은 하늘 높이 자리잡고 있어, 이 땅의 '부패'로부터 거리가 먼, 역시 또 다른 의미의 신비와 '완벽'을 겸비한 존재라고 믿었기 때문이다. 갈릴레오, 튀코 브라헤, 코페르니쿠스도 행성이 운동하는 길은 원이라고 못박아 두었다. 코페르니쿠스는 원형이 아닌 궤도는 "생각만으로도 끔찍하다."라고까지 단언했는데, 왜냐하면 "최상의 모습으로 창조된 신의 피조물을 감히 불완전하다고 여길 수가 없기" 때문이었다. 이러한 시대적 배경에서 케플러도 지구와 화성이 태양 주위를 원 궤도를 따라 돈다고 간주하고 튀코 브라헤의 관측 결과를 이해하고자 고심했던 것이다.

3년에 걸친 긴 분석 끝에 케플러는 화성의 원형 궤도에 해당하는 정확한 수치를 찾았다고 생각했다. 그 결과는 튀코 브라헤의 관측값 열 개와 2분(分)의 오차 범위 내에서 잘 일치했다. 1도가 60분이며 90도가 직각으로 수평에서 천정(天頂)에까지 이르는 각거리(角距離)라는 점을 생각해 보면 2분은 지극히 작은 각거리이다. 게다가 이 시대에 망원경이 없었다는 사실을 고려한다면 2분의 오차는 오차로서 매우 작은 값임에 틀림이 없다.

그러나 하늘을 찌를 듯하던 케플러의 기쁨은 금방 바닥을 가늠할 수 없는 우울의 심연으로 가라앉을 수밖에 없었다. 튀코 브라헤가 남긴 나머지 두 개의 관측 결과가 케플러의 예측값에서 한참 동떨어져 무려 8분이나 되는 큰 오차를 보였기 때문이다.

- 칼 세이건, 『코스모스』(홍승수 옮김, 사이언스북스, 2004:104~109)

02 글쓰기의 윤리를 지키는 방법

윤리 위반 행위에 대한 예방의 중요성

다른 사람의 저작물과 관련하여 출처를 분명히 표기할 수 있다면, 실질적으로 대부분의 표절 갈등으로부터 자유로울 수 있다. 출처 표기 방식은 학문 분야와 학술지 등에 따라 달라지므로 이를 잘 확인해 두어야 한다. 형식에 맞게 인용과 주석, 참고문헌 등을 작성하는 것은 글쓰기의 윤리를 지키는 데 꼭 필요한데, 이에 대해서는 다음 장에서 자세히 살펴보기로 한다.

그 전에 글쓰기를 준비하는 과정에서부터 윤리 위반에 대한 문제의식을 가지고 이를 예방하기 위한 구체적인 방안을 마련한다면, 더욱 신뢰할 만한 글을 작성할 수 있을 것이다. 특히 이공 계열 학생들은 윤리적 규범에 합당한 절차에 따라 실험을 수행하고 보고서를 작성할 수 있어야 하기에, 윤리 위반 행위에 대한 예방이 더욱 중요하다. 따라서 연구 윤리 위반 행위를 예방하기 위하여 현재 시행되고 있는 제도와 방안에 대해 알아보기로 한다.

생명 윤리 준수

이공 계열 학생들은 연구실에서 실험을 통해 연구 결과를 증명해야 하는데, 특히 실험 과정 중 생명체를 이용하여 결과를 도출하는 경우가 빈번하다. 그렇기 때문에 관련 분야의 학생들은 실험 전 반드시 생명 윤리와 관련한 규범을 숙지하여, 연구 윤리를 위반하지 않는 실험 보고서를 작성할 수 있어야 한다.

생명 윤리란 유전자 재조합, 세포 융합, 인공 수정, 생명체 복제와 같이 과학 기술이 발전함에 따라, 연구자가 생명과 관계된 연구를 수행할 때 알고 실천해야 할 바람직한 가치와 규범을 의미한다. 이는 과학 발전 과정에서 생길 수 있는 자료 조작과 생명 경시 현상을 예방하고 인간의 존엄성을 지키고자 하는 취지에서 시작되었다.

인간을 대상으로 한 연구 및 인체 유래물(인체나 인체 구성물로부터 수집한 조직, 세포, 혈액, 염색체, DNA, RNA, 단백질 등) 관련 연구는 연구가 시작되기 전 반드시 '기관생명윤리위원회(IRB: Institutional Review Board)'의 승인을 받아야 한다. '기관생명윤리위원회'란 '임상시험

심사위원회'라고도 하는데, 인간을 대상으로 하는 임상시험에서 피시험자의 권리와 안전을 위해 설치한 기구이다. 위원회는 관련 분야의 전문인뿐 아니라, 변호사, 윤리학자 등 다양한 분야의 전문인들 또한 참여하도록 명시하고 있다.

기관생명윤리위원회에 심의 신청을 하기 위해서는 구체적인 연구 계획서와 연구 대상자를 보호하기 위한 가이드라인, 관련 서약서 등이 필요하다. 이러한 서식 중에서 연구자로서 실험과 관련한 모든 연구를 수행할 때 윤리적 책임을 다할 것임을 약속하는 '생명 윤리 준수 서약서'를 살펴보면 다음과 같다.

생명 윤리 준수 서약서

본인은 (연구 제목)을 수행함에 있어 연구 대상자에 대한 존중과 보호를 최우선으로 하여 연구를 윤리적으로 수행하겠습니다. 이를 위해 「생명 윤리 및 안전에 관한 법률」을 비롯한 연구 관련 국내법을 준수하고, 생명 윤리 및 연구 윤리 관련 국제 규범을 존중하며, 위원회 규정 및 지침을 따라 연구자로서의 책임과 의무를 성실히 이행하겠습니다.

본인은 위원회의 결정과 권고를 존중하고, 연구 계획서에 대한 위원회의 승인을 받은 후 이에 따라 연구를 시작하겠습니다. 또한 연구 계획 변경, 연구 진행 상황, 문제 발생 등을 위원회에 보고하고 심의를 받겠으며, 연구에 대한 위원회의 조사·감독에 적극 협조하겠습니다.

본인은 연구와 관련하여 연구 대상자의 개인 정보를 보호하고, 사생활 및 비밀을 보장하며, 연구 대상자의 불만 제기나 추가적인 정보 요청 등에 성실히 응하겠습니다. 특히, 연구대상자 등의 건강이나 안전, 비밀 보장 등에 문제가 발생하지 않도록 모든 노력을 기울이고, 만약 문제가 발생하는 경우 이러한 문제를 적절하게 해결할 수 있도록 최선을 다하겠습니다.

본인은 연구의 수행에 필요한 자원과 시간이 충분히 확보되지 않는 경우, 연구로 인해 생명 윤리 또는 안전에 중대한 위해가 발생하거나 발생할 우려가 있는 경우, 연구로 인해 연구 대상자 등에게 예상하지 못한 중대한 위험을 발생시키거나 발생시킬 우려가 있는 경우에는 지체 없이 연구의 수행을 일시 중지하거나 조기 종료 하는 등 필요한 조치를 취하도록 하겠습니다.

20 년 월 일

소 속 :
직 급 :
성 명 : (인)

국민대학교 생명윤리위원회 귀하

이처럼 기관생명윤리위원회와 같은 기구를 둔 목적은 관련 연구 과정에서 연구 대상자를 최대한 보호하고, 연구자들이 윤리적으로 연구를 수행할 수 있도록 하기 위함이다. 이를 통해 연구 대상자는 실험 연구의 가치와 필요성을 충분히 인지한 후 실험에 응할 수 있으며, 연구 과정에서 제공한 각종 개인 정보를 안전하게 보호받을 수 있다. 연구자는 심의 과정에 필요한 계획서를 작성하고 관련 서약을 준수함으로써 실험 수행 중 발생할 수 있는 각종 갈등 상황과 외압으로부터 양심을 지키고 윤리적 태도를 유지할 수 있다.

국민대학교 산하 생명윤리위원회(KMUIRB)는 홈페이지(http://research.kookmin.ac.kr/ethic/life)를 통해 최신 정보와 가이드라인을 공유하고 있다. 특히 홈페이지 내 '생명윤리 자료실' 항목에서 제공되는 『연구자를 위한 윤리지침 안내』(PDF 파일)는 기관생명윤리위원회(IRB) 심의와 관련된 연구를 진행하려는 학생들에게 유용한 정보를 안내한다.

자료 수집 목록 정리

학생들이 관련 자료의 조작이나 표절 등을 예방할 수 있는 실질적인 방법은 글을 쓰기 전 자료를 검색하고 선별하는 과정부터 관련 정보의 출처 및 세부 사항을 정리하는 것이다. 다시 말하면 글쓰기의 윤리를 지키는 행위를, '자료 검색 - 자료 선별 - 자료 정리 및 요약 - 인용하기'의 과정에서 근거 자료를 효과적으로 정리하는 일의 연장선상에서 생각하는 것이다.

'4장. 글쓰기의 과정' 중 자료를 검색, 선별하는 과정을 참고하여, 자료를 정리할 때 해당 자료의 서지 사항을 미리 적어 놓도록 한다. 또한 원문을 인용할 경우, 해당 쪽수를 표시해 놓으면 나중에 출처를 다시 찾거나 잘못 표기하는 실수를 할 확률이 낮다. 즉 자료의 내용과 원문, 서지 사항 등을 효과적으로 정리하면, 의도치 않은 표절이나 왜곡된 인용, 자료 조작의 오해로 인해 생길 수 있는 문제를 사전에 예방할 수 있다. 글쓰기 과정에서 선별한 중요 자료를 다음 자료 수집 목록 양식을 참고하여 정리해 보자.

자료 수집 목록 양식표	(번호 혹은 자료의 성격)
자료 제목	
저자(발행 연도)	
정기간행물명(번호)	
출판사 및 발행처	
URL	
자료에서 찾은 의미	
핵심 요약	
직접 인용할 원문 (해당 쪽수)	

자료 수집 목록을 정리할 경우, 저자나 제목의 가나다순으로 하거나, 단행본, 논문, 인터넷 자료 등 자료의 성격에 따라 정리할 수도 있다. 본인의 편의에 맞게 정리하면 된다.

표절 예방 시스템

국민대학교는 학생들의 학습 윤리를 함양하기 위해 2015년도부터 표절 예방 시스템을 도입하였다. 검색 전문용으로 구비되어 있는 소프트웨어를 활용하여 학생 스스로 표절 여부를 명확히 가릴 수 있다.

현재 국민대학교 성곡도서관에서 보유한 표절 예방 관련 소프트웨어는 카피킬러(Copy Killer)와 턴잇인(Turnitin)이 있다. 카피킬러는 유사성 검사 프로그램을 이용해 학생이 자신의 보고서를 직접 검사하여 결과지를 담당 교수님께 제출하는 방식으로 활용한다. 턴잇인은 담당 교수가 웹에서 수업 과목 항목을 생성하고 학생들이 해당 과목으로 들어갈 수 있도록 패스워드를 알려주어야 한다. 이와 관련해서는 턴잇인을 구동하여 과목을 운영하는 담당 과목 교수님을 통해 좀 더 구체적인 이용 방법과 정보를 알 수 있다.

성곡도서관 홈페이지에는 '논문/과제 표절 예방 시스템'이라는 배너가 있다. 이를 클릭하면 두 가지 소프트웨어의 관련 정보와 함께 구체적인 구동 방법 또한 자세히 알 수 있다. 이외에도 성곡도서관 관련 부서나, 국민대학교와 제휴를 맺은 카피킬러(이메일: help@copykiller.com 전화: 02-1588-9784), 턴잇인(이메일: koreasales@turnitin.com 전화: 02-6465-0280)에 필요한 정보를 문의할 수 있으니 참고하도록 한다.

연구윤리정보포털

한국연구재단은 인터넷 상에 연구윤리정보포털(CRE, http://www.cre.or.kr)을 운영하여 연구 윤리와 관련된 정보를 공유하고 있다. 이곳에서 안내되는 연구 윤리 관련 교육 자료와 학술 자료는 글쓰기 윤리를 포함하여 학습과 연구 전반의 윤리적 행위에 대한 정보를 제공한다. 더불어 Q&A와 FAQ 게시판을 통해 자신의 글쓰기와 관련된 구체적인 윤리 규정을 확인해 볼 수 있다.

특히 홈페이지 내 '교육자료 〉 교재' 항목에서 제공되는『학습 윤리 가이드』(PDF 파일)는 글쓰기 윤리와 더불어 협동 학습에서의 무임승차라든지 대리출석, 무단조퇴, 시험부정행위 등과 같이 학문의 시작점에 서 있는 대학생들이 반드시 알고 있어야 하는 기본적인 학습 윤리의 내용을 담고 있어 참고해볼 필요가 있다.

윤리 서약

글을 작성하기 전 글쓰기와 관련한 윤리 위반 행위를 하지 않겠다는 윤리 서약을 작성한다면, 자신의 글에 대한 책임 의식을 더욱 공고히 할 수 있다. 다음은 '6장. 글쓰기의 실제'를 배울 때 작성한 후 담당 교수님께 제출할 보고서에 대한 윤리 서약이다.

국민대학교 기초교양 "글쓰기" 보고서 작성 윤리 서약

나는 보고서를 제출하며 다음과 같은 윤리 사항을 모두 준수하였습니다.

- 이 보고서에 제시된 근거 자료(단행본, 논문, 잡지 및 기사, 영상, 인터넷 자료 등)를 형식과 윤리에 맞게 바르게 표기하였다.

- 타인이 작성한 글뿐 아니라 수식, 도표, 데이터 등을 함부로 조작하지 않았다.

- 내용, 구성 면에서 타인의 고유하고 핵심적인 아이디어와 표현을 출처 표시 없이 사용하지 않았다.

- 이 보고서의 창작자는 나 자신이다.

따라서 이에 관한 윤리적 책임이 있음을 인정합니다.

학과　　　학번　　　성명 : ○ ○ ○ (서명)

윤리 서약서는 해당 글의 작성자가 본인임을 증명하는 것으로 글에 대한 자긍심을 나타내는 것이기도 하다. 적어도 글을 작성하는 과정에서 타인에게 피해를 주지 않고 자신에게 떳떳하였다는 뜻이기 때문이다. 따라서 학기말 보고서에 윤리 서약서를 첨부하기로 결정한 사람은 글쓰기 과정에서 윤리 위반 행위를 하지 않기 위해 노력할 것이다.

활동

1. 다음의 경우에 출처를 밝히는 것이 필요한지, 글쓰기의 윤리를 지키기 위해 어떻게 해야 할지 이야기를 나누어 보자.

① 몇 년 전, 책을 읽는데 마음에 드는 구절이 있었다. 이번에 보고서를 쓰며 그 구절을 사용하였다. 그런데, 그 구절이 어느 책에 있는지 알 수 없어서 출처를 밝히지 않았다.

② 보고서를 작성하는데 실험 데이터가 필요했다. 실험할 시간이 없어서 걱정하는데 마침 내가 수행할 실험과 똑같은 실험 결과가 실린 논문을 찾았다. 어차피 똑같은 실험이어서 그냥 논문에 실린 실험 결과를 갖고 보고서를 작성했다. 누가 했어도 똑같을 내용이어서 다른 사람이 했다고 밝히지는 않았다.

③ 보고서를 쓰려고 관련 있는 논문을 13편 찾았다. 그것들을 반복해서 여러 번 읽고 나니까 보고서 내용이 머릿속에 정리되는 느낌이었다. 떠오르는 생각대로 보고서를 작성하였다. 내 생각이니까 출처를 밝힐 필요는 없다고 생각했다.

④ 어떤 순서로 보고서 내용을 작성할까 고민하고 있었다. 우연히 친구가 작성한 보고서를 보았더니 내용이 잘 정리되어 있었다. 그래서 그 순서대로 나도 보고서를 작성했다.

⑤ 답사 보고서를 쓰기 위해 여러 사이트를 검색했다. 그 결과 적당한 사진과 설명을 찾았다. 내가 찍어온 사진과 함께 인터넷에서 찾은 사진을 사용해서 보고서를 작성했다. 사진은 출처를 표기했지만, 설명은 공공 기관 자료실에 있는 내용을 내가 다시 정리했기 때문에 출처를 표기하지는 않았다.

⑥ A 과목을 수강할 때 내가 작성한 보고서 a가 있다. B 과목을 수강하다 보니 내용이 관련이 있어서 보고서 b를 작성할 때 보고서 a의 한 부분을 가져다 사용하였다. 물론, 내가 작성한 내용이니까 출처를 밝힐 필요는 없다고 생각했다.

⑦ 자료 A를 인용했는데, 그 자료도 원래 다른 논문 B를 인용한 것이었다. 내가 인용한 것은 자료 A이므로 출처를 A로 표기했다.

⑧ 정보를 정리하는 내용으로 보고서를 작성하고 있었다. 정보가 인터넷 글에 잘 정리되어 있었다. 그래도 그대로 쓰면 안 되니까 내용을 내가 다시 정리하였다. 내가 정리한 내용이니까 출처를 밝힐 필요는 없다고 생각했다.

2. 표절 예방 시스템 중 카피킬러를 사용해 유사성 검사를 직접 해 보자.

03 인용, 주석, 참고문헌의 형식

출처 표기의 대상

글쓰기 윤리를 지키기 위해서는 글의 종류에 알맞게 출처를 표시해 주는 형식을 익히는 일이 중요하다. 이를 위해 다음 사항을 숙지할 필요가 있다. 첫째, 출처를 표시해야 할 자료의 종류와 범주, 둘째, 다양한 인용 방식과 필수적으로 표시할 내용, 셋째, 일관성 있는 자료 출처 표시이다.

출처를 표기해야 하는 대상을 정리하면 다음과 같다.

출처 표기 대상
인쇄 자료(단행본, 논문, 보고서 자료, 신문, 잡지 등)
전자 자료(데이터베이스, 웹사이트, 각종 SNS 등)
각종 데이터(인터뷰나 통계에 있는 수치 자료, 공공기관에서 공표하는 지표 등)
이미지(그림, 사진, 그래프, 표, 설계도 등)
기록물(미디어물, 대중 연설문 등)
구두 자료(인터뷰 자체, 강의, 학술 세미나, 채록 등에서 얻은 정보 등)

이상과 같이, 개인 혹은 공동체의 노력을 거쳐 고유성, 창작성이 인정되는 모든 것이 출처 표기의 대상이 된다. 따라서 자신의 생각이 아닌 경우에는 모두 그 출처를 찾아 알맞은 방식으로 표기해 주어야 한다고 생각하면 글쓰기의 윤리를 위반할 위험으로부터 상당 부분 벗어날 수 있다.

인용

글을 쓰다 보면, 다른 사람의 글을 활용해서 자신의 주장을 뒷받침하는 근거로 활용하거나, 독자에게 유용한 정보를 제시하는 차원에서 다른 사람의 글을 소개해야 하는 경우가 있다. 이처럼 다른 사람이 쓴 글을 자신의 글에 사용하는 것을 '인용'이라고 한다. 인용은 직접 인용과 간접 인용, 그리고 인용된 글을 다시 인용하는 재인용으로 나눌 수 있다. 인용할 때는 일정한 방식이 있어서 이를 따라야 한다. 또한 인용한 글은 출처 혹은 서지사항을 반드시 밝히는 것이 원칙이다. 적절하고 효과적으로 자료를 인용하기 위해서는 다음 두 가지를 기억해 둘 필요가 있다.

첫째, 자신이 인용하려는 글의 내용과 의미를 정확히 파악해야 한다. 다른 사람의 글을 잘못 이해하고 인용할 경우 조작이나 날조로 오해받을 수 있기 때문이다. 또한 인용할 때는 목적이 분명해야 한다. 지나치게 인용을 많이 하거나, 반대로 인용이 너무 부족한 경우 모두 독자의 신뢰를 얻을 수 없다. 자신의 글을 뒷받침할 수 있는 내용이거나, 어떤 사실을 소개해야 할 필요가 있을 때 적절히 인용을 하도록 한다.

둘째, 인용할 만한 가치가 있는 자료를 선택해야 한다. 인용이란 독자에게 자신의 글이 믿을 만한 것임을 보여 주기 위한 근거로 다른 글을 가져 오는 것이다. 그러므로 글을 읽는 사람이 의심을 품을 만한 내용, 궁금할 만한 내용이라고 판단되면 그것을 해결해 주기 위해서 필요한 자료를 인용하면 된다. 그렇기 때문에 인용하는 내용은 전문가나 신뢰할 수 있는 사람이 쓴 글이어야 하며, 자신이 설명하려는 내용과 직접적인 관련이 있는 글이어야 한다.

자신의 글에서 다른 사람의 의견이나 자료를 근거로 활용할 경우에는 그만큼 신중해야 하고, 신뢰할 만한 자료를 인용할 수 있어야 한다. 이를 염두에 두고 인용 방식에 대해 살펴보자.

ㄱ. 직접 인용

직접 인용이란 타인의 글을 그대로 옮기는 방식을 의미한다. 직접 인용은 인용할 내용이 짧거나 인용할 글을 원문 그대로 보여줄 필요가 있을 때 사용한다.

예시 1

■ 인용할 내용이 짧은 경우

하지만 셔틀버스를 이용하는 학생들이 폭발적으로 늘어남에 따라 다시 학생들은 통학의 어려움을 겪게 되었다. 학생들이 셔틀버스를 늘려달라고 건의했지만 "버스 운행을 더 늘리면 많은 학생들에게 돌아갈 장학금 등 복지 혜택이 줄어들 수 있다."(고동완, 2014. 4. 16.)라고 답하는 등 현실적 예산안 문제에 부딪히고 말았다.

- 학생의 글 -

예시를 통해 알 수 있는 바와 같이, 인용할 내용이 짧을 때는 큰따옴표를 사용하여 본문 속에 인용한다. 그리고 인용 내용 뒤에, 직접 인용을 나타낼 때 쓰는 말인 조사 '라고'를 붙인 후 괄호 ( ) 안에 출처를 표시하면 된다.

예시 2

■ 인용할 내용이 긴 경우

기독교에서는 성경과 자연이 신이 주신 두 가지 책이라고 설명한다. 성경을 신이 주신 특별 계시, 자연을 신이 주신 일반 계시로 믿는다. 천문학자이자 신학자인 휴 로스는 말했다.

과학이 신학과 모순되는 것처럼 보일 때 우리는 자연의 사실과 성경 말씀 중 어느 하나도 거부할 필요가 없다. 그보다는 자연의 사실과 성경 말씀에 대한 우리의 해석을 점검해 봐야 한다. 그 이유는 건전한 과학과 건전한 성경 해석은 항상 조화롭기 때문이다(Hugh Ross, 2014:108).

성경이 말하는 바가 무엇인지 알기 위해서는 올바른 성경 해석이 필수이다. 기독교가 신의 계시로서 성경의 권위를 인정하는 것은 분명하지만, 성경을 우상시하는 것은 아니다. 기독교는 '예수'를 믿는다. 더불어 성경은 과학 교과서가 아니다. 성경은 자연 현상의 원리를 알려 주는 책이 아니라 그 자연 현상의 주인이 누구인지 가르쳐 주는 데 그 의의가 있다.

- 학생의 글 -

인용할 글이 긴 경우에는 위 예문과 같이 독립된 단락으로 구성하여 인용한다. 이처럼 직접 인용은 타인이 쓴 글을 그대로 가져와 인용하는 것이므로 어렵지는 않다. 또 인용하는 내용을 왜곡할 가능성도 거의 없다.

다만 직접 인용이 원문을 그대로 보여주는 것이므로 인용할 때는 인용하는 글에 손을 대서는 안 된다. 맞춤법, 띄어쓰기 등이 틀려도 그대로 두어야 한다. 만약 맞춤법, 띄어쓰기 등을 고치거나, 특정 부분을 강조하기 위해 밑줄이나 옆점 등의 기호를 첨부하면 반드시 주석이나 괄호를 활용하여 고친 내용을 밝혀야 한다. 그리고 인용한 내용의 끝에 출처를 밝히는 것을 잊어서는 안 된다.

ㄴ. 간접 인용

간접 인용은 타인의 글을 자신의 말로 바꾸어 옮기는 인용 방식이다. 인용할 내용이 여러 단락에 걸친 내용이거나, 글 전체일 경우에 사용하는 인용법이 간접 인용이다. 간접 인용은 인용할 글의 표현을 바꾸거나 정리, 요약해서 인용하는 것이지만, 간접 인용을 하더라도 인용하는 글의 본래 의미를 훼손해서는 안 된다.

예시 3

■ 조사 '고'를 사용할 경우

도시 양봉은 취약 계층과 퇴직한 중장년층을 위한 일자리를 창출할 수 있다. 2013년 서울시가 추진한 '노숙인 도시 양봉 프로젝트'는 노숙인 18명에게 꿀벌을 키우는 일을 주어 그들의 자립을 도왔다고 한다(손대선, 2013. 10. 18.). 또한 정부경 기자의 조사에 따르면 2012년부터 '서울시 장애인 도시 양봉단'이 창립되어 장애인들도 도시 양봉에 적극적으로 참여할 수 있게 된 것으로 나타난다(2013. 2. 12.).

- 학생의 글 -

예시에 있는 학생의 글을 살펴보면, 간접 인용을 어떤 방식으로 표현하였는지 쉽게 알 수 있다. 이 학생은 예시에서 두 가지 자료를 간접 인용하고 있다.

"2013년 서울시가 추진한 '노숙인 도시 양봉 프로젝트'는 노숙인 18명에게 꿀벌을 키우는 일을 주어 그들의 자립을 도왔다"는 문장은, 손대선 기자가 작성한 기사의 일부를 정리, 요약한 내용이다. 기사의 내용을 간접 인용하였음을 알 수 있도록, 인용하는 내용의 끝에 조사 '고'를 사용하였고, 문장의 끝에는 인용하였음을 밝히는 주석을 달아 인용한 내용임을 다시 한 번 밝혔다.

그런가 하면, "2012년부터 '서울시 장애인 도시 양봉단'이 창립되어 장애인들도 도시 양봉에 적극적으로 참여할 수 있게 된 것"이 정부경 기자의 조사임을 문장 서두에 밝히고, '…으로 나타난다'와 같은 표현을 써서 자료를 간접 인용하였음을 명확히 표현하고 있다.

이와 같이 간접 인용을 할 때에는 다른 사람의 자료를 활용하였음을 정확히 밝히는 조사나 문장 표현을 사용해야 한다.

예시 4

■ 조사 '고'를 사용하지 않을 경우

확률론의 점 과정(point processes)과 관련하여 최근 주목을 받는 연구 과제 중 하나는 상관함수가 행렬식으로 주어지는 행렬식 점 과정(페르미온 점 과정)이라고 할 수 있다(R. Lyons, 2003:167~212; O. Macchi, 1975:83~122; A. Soshnikov, 2000:923~975).

- 학생의 글 -

실제 글에서 간접 인용을 했다는 문장 표현을 하지 않은 경우는 드물다. 그러나 여러 편의 관련 논문을 한 문장으로 정리하여 제시할 필요가 있을 경우, 이처럼 쓰기도 한다. 예시 4의 내용은 최근 확률론 점 과정 분야에서 주목받는 '행렬식 점 과정' 분야에 관한 연구 동향을 간략히 설명하고 있다. 문장 마지막에 행렬식 점 과정에 주목하는 관련 논문들을 괄호를 사용해 제시하고 있다.

간접 인용은 직접 인용과 달리 타인의 글을 자신의 표현으로 바꾸기 때문에 이 과정에서 타인의 글을 잘못 정리, 요약할 가능성이 있다. 그러므로 간접 인용을 잘 하려면 타인의 글을 정확히 정리, 요약하는 연습을 해야 한다.

ㄷ. 재인용

재인용은 이미 다른 문헌에서 인용한 것을 자신의 글에 다시 인용하는 경우를 말한다. 재인용은 '인용된 것을 다시 인용하는 방식'이라는 점에서 주의가 필요하다. 특히 간접 인용된 부분에 원문이 제대로 정리, 요약되지 않았을 경우, 그 글을 무분별하게 재인용하게 되면 자신의 글도 잘못 인용한 것이 되고 만다. 그러므로 재인용은 인용하려는 글의 원문을 도저히 확인할 수 없는 경우에만 제한적으로 사용해야 한다.

예시 5

인간은 불을 이용하여 자연의 무생물 세계를 녹여 유용한 용도를 갖는 세계로 다시 형성할 수 있었다. 스미소니언 연구소의 역사학자였던 고(故) 디어도르 워타임은 다음과 같이 말했다.

불에 의해 하나의 완성된 상태로 되지 않은 것은 거의 없다. 불은 모래를 녹여 그 산지(産地)에 따라 유리, 은, 황화 수은, 여러 종류의 납, 색소 물질, 약품 등을 만들어낸다. 광물질을 녹여 구리로 만드는 것도 불이요, 철을 생산하고 또 그 철을 담금질하는 것도 불이요, 금을 정제하는 것도 불이요, 돌(시멘트)을 태워서 응집력 있는 빌딩 건축용 블록을 만들어내는 것도 불이다(Theodore Wertime, 1980:9).

불 조작 기술 시대는 BC. 3000년 경 초기 지중해와 근동 지방에서 시작되었다.

– 제레미 리프킨, 『바이오테크 시대』(전영택·전병기 옮김, 민음사, 2003:30~31)

만일 위의 글에서 직접 인용한 디어도르 워타임의 말을 자신의 글에서 재인용해야 할 경우, 이를 다음과 같이 표시해 주면 된다.

예시 6

디어도르 워타임은 "불에 의해 하나의 완성된 상태로 되지 않은 것은 거의 없다."고 말했다(제레미 리프킨, 2003:31에서 재인용).

문장 첫 머리에 원문 저자의 이름을 밝히고, 인용한 문장의 마지막에 자신이 참조한 자료의 출처를 밝히면서 '~에서 재인용'이라고 표시해 준다.

주석(내주)

그렇다면 이처럼 다양한 방식으로 사용하는 인용 자료의 출처는 어떻게 표기해야 할까? 글쓰기에서는 인용한 글의 출처를 밝히는 것을 주석(註釋)이라 하며, 방식에 따라 본문 밖에 출처를 표기하는 외주(外註), 본문 안에 표기하는 내주(內註)로 나눈다. 이공 계열에서는 대부분 인용한 자료의 출처만 간단히 밝히는 내주 방식을 쓴다. 이 경우 반드시 참고문헌을 따로 작성해 주어야 한다. 또한 이공 계열에서는 주석을 통해 보충 설명을 하지 않는다는 점도 기억해 둘 필요가 있다. 이공 계열 글에서는 주석을 통해 어떤 이론이나 현상, 작성자의 보충시각 등을 설명하는 경우가 극히 드물다.

내주는 본문에 주석 표시를 하는 것이므로 최소한의 출처를 표시하는 것을 원칙으로 한다. 자료 인용의 정확도를 높이기 위해, 내주 내용은 '저자명', '발행 연도', '인용 페이지'를 표시해 주는 것이 적당하다. 앞서 언급한 간접 인용 방식을 참고하여 이에 대해 좀 더 자세히 살펴보자.

내주 표기 방식은 두 가지로 정리할 수 있다. 첫째, 인용할 내용의 출처(저자 또는 글이 실린 매체 등) 소개로 문장을 시작할 경우, '저자명(발행 연도:인용 페이지)에 따르면~'과 같은 방식으로 문장을 작성한다. 둘째, 인용한 문장 끝에 인용 표시를 할 때에는 괄호 ( ) 안에 '저자명, 발행 연도:인용 페이지'를 넣어주면 된다.

이상과 같은 내용을 종합하여 내주의 표기 형식을 정리해 보면 다음과 같다.

▶ **저자명을 문장 중에 밝힐 경우**

저자명(발행 연도)

저자명(발행 연도:인용 페이지) ← 페이지를 밝힐 경우

저자명(발행 연도, 발행 연도) ← 한 저자가 동일한 주제로 쓴 여러 편의 글을 소개할 경우, 발행 연도가 같을 때는 발행된 순서대로 'abc'를 붙여 구별

▶ **저자명을 괄호에 넣을 경우**

(저자명, 발행 연도)

(저자명, 발행 연도:인용 페이지) ← 인용한 페이지를 밝힐 경우

(저자명A, 발행 연도; 저자명B, 발행 연도) ← 동일한 대상을 다룬 여러 편의 글이나, 동일한 결과가 나온 여러 편의 글을 소개할 경우

이제 예문을 통해 내주를 적용하여 자료를 인용한 경우를 살펴보자.

예시 7

인터넷 게임 중독과 휴대폰 중독에 있어 청소년 자신의 심리적 요인과 부모와의 관계가 영향을 주는 것으로 나타났는데 심리적 요인으로 청소년의 자존감이 낮은 경우(장재홍, 2005:210), 우울 정도가 심한 경우(김혜수, 2005:105; 주석진, 2001:36~38), 충동성이 높은 경우(이해경, 2008:16; 한국정보문화진흥원, 2008:113~114), 학업 스트레스가 높은 경우(이영아·정원철, 2011:20; 유평수, 2010:55), 부모의 과잉기대나 과잉보호와 같은 양육 행동 및 부모와의 불안정한 애착을 형성한 경우(우영숙, 2008:19~20; Collins & Read, 1990:12), 인터넷 게임 중독과 휴대폰 중독 수준이 높은 것으로 나타났다.

- 학생의 글 -

이 학생은 자신의 글에서 인터넷 게임 중독과 휴대폰 중독에 대한 연구 논문을 정리하여 소개하고 있다. 연구 논문은 대체로 청소년의 심리적 요인과 부모와의 관계가 인터넷 게임 중독과 휴대폰 중독에 영향을 미친다는 주장을 하고 있다. 각각의 논문은 중독 수준이 높은 다섯 가지 특징적인 경우에 대해 이야기하였다. 즉 장재홍이 2005년에 쓴 논문은 청소년의 자존감이 낮은 경우에 중독이 심하다는 결과가 나온 논문이며, 김혜수가 2005년에 쓴 논문과 주석진이 2001년에 쓴 논문은 우울 정도가 심한 경우에 중독이 심하다는 결과가 나온 논문을 의미한다. 이처럼 동일한 대상을 다룬 여러 편의 논문(자료)을 소개할 경우, 예시에서 보는 바와 같이 '(저자명A, 발행 연도:인용 페이지; 저자명B, 발행 연도:인용 페이지)'로 표시하면 된다.

참고문헌

참고문헌은 자신이 이 글을 작성하기 위해 어떤 자료를 이용했는지 그 목록을 보여 주는 것이다. 또한 같은 주제에 관심을 갖고 있던 사람이 관련 저작물을 찾는 데 유용하고 친절한 안내 역할을 해 준다는 측면에서도 참고문헌은 꼭 필요하다.

특히 내주를 사용하는 경우, 인용한 글의 제목이 무엇이고, 어디에 실렸으며, 언제 발행되었는지를 전혀 알 수 없다. 그러므로 내주를 쓸 때에는 반드시 참고문헌을 작성하여 인용한 글의 세부 출처를 밝혀 주어야 한다.

보통 문헌의 종류에 따라 표시하는 형식이 달라지는데, 그 형식은 계열별, 전공별로 너무나 다양하다. 그렇기 때문에 각각의 개별적인 표현 형식을 익히기보다 자신의 글 안에서 일관성 있게 형식을 적용하는 것이 더 중요하다. 다음 표는 문헌에 따른 표기 형식 중 일반적으로 쓰는 방식을 정리한 것이다.

자료에 따른 표기 형식의 예

▶ 논문

저자명(발행 연도), 「논문 제목」, 『논문이 실린 논문집/정기간행물 제목』 권·호수, 논문집 발행 기관 혹은 출판사.

▶ 책(단행본)

저자명(발행 연도), 『책 제목』, 출판사명.

▶ 신문

작성자명(발행 일자), 「기사 제목」, ≪신문 제목≫, 수록 면.

▶ 인터넷 자료

* 글의 경우: 작성자(글이 인터넷 상에 올라온 날짜), 「글 제목」, 글이 실린 홈페이지 이름, URL(검색 일자).

* 동영상의 경우: 제작자(동영상이 인터넷 상에 올라온 날짜), <동영상 제목>, 동영상이 실린 홈페이지 이름, URL(검색 일자).

▶ 영상

감독(제작 연도), <제목>, 제작사.

저자명 옆에 괄호로 병기되어 있는 '발행 연도', '발행 일자' '인터넷 수록 날짜', '제작 연도' 등은 개별 주석의 마지막 부분에 써도 무방하다. 이 외에도 몇 가지 주의를 기울여야 할 것이 있다. 대표적인 것으로 공저자(共著者) · 역자(譯者) · 편자(編者)의 처리, 외국 논저 처리, 기호 사용 등을 들 수 있다. 일반적으로 사용되는 방식을 소개하면 다음과 같다.

- 공저자가 두 명일 때는 가운뎃점을 사용하여 소개한다.
- 공저자가 세 명 이상일 경우 'OOO 외 O명'으로 처리한다.
- 역자나 편자는 책 제목 다음 'OOO 옮김', 'OOO 엮음'으로 소개한다.
- 저자가 밝혀지지 않은 편저는 편자를 제일 앞에 소개한다.
- 서양 논저는 정보 소개 순서는 동일하나 기호(「 」, 『 』 등)를 사용하지 않는다.(서지사항이 알파벳으로 되어 있는 경우를 서양 논저로 취급한다.)
- 서양 논저의 경우 책제목, 논문집 제목은 이탤릭체로 처리한다.
- 서양 논저의 경우 인용한 페이지는 'p.'나 'pp.'를 사용한다.('p.' - 인용한 내용이 한 페이지에 있을 경우, 'pp.' - 인용한 내용이 여러 페이지에 걸쳐 있을 경우)
- 동양 논저(서지사항이 한자나 일본어로 되어 있는 경우)는 한글 논저의 형식을 그대로 따른다.
- 기호는 대체로 다음과 같이 사용하나 학문 분야, 학회마다 차이가 있다. 논문 ─ 「 」, 책제목/논문집 제목 ─ 『 』, 작품 ─ < >, 신문명 ─ ≪ ≫

ㄱ. 일반 참고문헌 표기 방식

참고문헌 장을 작성할 때, 원칙적으로는 저자 이름을 기준으로 삼아 가나다순으로 자료를 정리하여 제시한다. 먼저 자료를 유형에 따라 구분한 다음, 저자명 순으로 소개하기도 한다. 예컨대 국내 자료와 국외 자료, 기초 자료와 논저(논문과 저서를 구분), 기타 참고 자료(영상자료, 인터넷 동영상 자료, 간행된 출판물이 아닌 자료 등) 등으로 나누어 소개한다. 다만 글에서 인용한 자료가 많지 않을 경우에는 자료를 저자 이름순으로 정리하여 소개하면 된다. 물론 이 경우에도 글과 글이 아닌 것은 구분해 주어야 한다. 다음 예시를 살펴보자.

예시 8

■ 일반 참고문헌 표기 방식으로 정리한 경우

김영호, 2015, 『빅데이터의 그늘』, 휴머니티.

박소희, 2014.12.21., 「원전 도면 추가 유출...검찰 수사팀 급파」, http://www.ohmynews.com/NWS_Web/View/at_pg.aspx?CNTN_CD=A0002065022(2021. 8. 5.).

정세라·노현웅, 2014. 12. 22., 「한수원 원전정보 일주일새 4차례나 유출」, ≪한겨레≫, 1면.

천양하, 2013, 「외부 해킹 탐지를 위한 사이버 공격 모델링」, 『한국전자통신학회논문지』 8-9, 한국전자통신학회, 1313~1318쪽.

존 에릭슨, 2010, 『해킹: 공격의 예술』, 장재현 외 옮김, 에이콘.

렌 와이즈먼, 2007, <다이하드 4>, 20세기 폭스사.

스무디TV, 2015. 1. 22., <C언어 1. 시작해봅시다>, YouTube 스무디TV 채널, https://www.youtube.com/watch?v=8E2B16-VEhU&list=PL1lheunyylbZ7TPhz6R47MCPW2K9X4x2l(2021. 8. 10.).

예시 8에서 본 바와 같이, 논문, 단행본, 신문기사, 인터넷 자료, 영상 자료 등 다양한 참고 자료가 활용되어 있다. 이를 참고문헌으로 정리하는 과정을 살펴보면 다음과 같다. 우선 자료의 종류에 따라 알맞은 방식으로 작성한다. 그리고 글로 이루어진 자료와 영상 자료를 나눈 후, 저작자 이름의 가나다순으로 정리한다. 책의 경우 페이지 정보를 생략해도 되지만, 논문은 자신의 글에서 인용한 페이지가 아니라 논문의 시작 페이지와 끝 페이지 전체를 밝혀준다. 이와 같이 정리하는 것이 일반 참고문헌 표기 방식을 따른 참고문헌이다.

ㄴ. Reference 표기 방식

이공 계열에서는 다른 방식으로 참고문헌을 작성하는데, 참고문헌이라고도 하지만 대개의 경우 'Reference'라는 용어를 사용한다. 현재 널리 사용되고 있는 것은 미국 과학편집인협회(CSE, Council of Science Editors)에서 정한 편집 안내서 *Scientific Style and Format*이다. CSE 스타일을 따르는 출처 표기 방식은 NY 방식, CS 방식, CN 방식이 있다.

① NY 방식(Name-Year System)

앞서 설명한 내주의 방식과 동일하다. 즉, 본문 속에서 자료를 언급할 때 괄호를 사용하여 저자명과 출간 연도를 표시하고, 본문 문장에서 이미 저자명을 거론했을 경우 괄호 속에 논문의 출간 연도만을 제시한다. 자료의 특정 부분을 인용할 경우 저자명, 출간 연도와 더불어 괄호 속에 쪽수를 병기할 수 있다. 다만 앞서 설명한 내주의 형식과 차이점이라면 저자명과 발행 연도 사이에는 쉼표(,)를 사용하지 않으며, 발행 연도와 인용하는 페이지를 구분할 때 쌍점(:)이 아니라 쉼표를 사용하고, 인용하는 페이지가 한 페이지일 경우는 'p.' 여러 페이지일 때에는 'pp.'로 표시한다는 정도이다. 예를 들어 저자명과 출간 연도만을 본문 속에 제시할 때에는 "(장재홍 2005)"라고 표기하고, 쪽수를 병기할 경우 "(장재홍 2005, p.210)"으로 표기한다.

NY 방식을 따라 참고문헌을 작성하는 방법은 위의 'ㄱ. 일반 참고문헌 표기 방식'과 동일하나, 괄호, 겹낫표, 이탤릭체 등의 기호나 표기를 사용하지 않고, 각각의 정보들을 나열할 때 쉼표 대신 마침표를 사용한다는 점이 다르다. 예를 들어, 일반 참고문헌 표기 방식을 따라 "김영호(2015), 「빅데이터의 그늘」, 휴머니티."로 제시했던 참고문헌은 NY 방식을 따를 때, "김영호. 2015. 빅데이터의 그늘. 휴머니티."와 같이 기호와 쉼표를 사용하지 않는 방식으로 제시한다. 또, 신문과 같이 발표일 정보가 포함될 때에는 연과 월과 일 사이를 한 칸씩 띄고 마침표나 쉼표를 사용하지 않는다. 하지만 학회나 전공에 따라 NY 방식을 사용하더라도, 참고문헌을 'ㄱ. 일반 참고문헌 표기 방식'에서 설명한 방식을 따르는 경우도 많기 때문에 글을 제출하기 이전에 표기 방식을 확인할 필요가 있다. 일반 참고문헌 형식으로 정리했던 예시 8을 NY 방식을 따라 다시 정리하면 다음의 예시 9와 같다.

예시 9

■ NY 방식으로 참고문헌을 정리한 경우

김영호. 2015. 빅데이터의 그늘. 휴머니티.

박소희. 2014 12 21. 원전 도면 추가 유출...검찰 수사팀 급파. http://www.ohmynews.com/NWS Web/View/at_pg.aspx?CNTN_CD=A0002065022(2021. 8. 5.).

정세라·노현웅. 2014 12 22. 한수원 원전정보 일주일새 4차례나 유출. 한겨레. 1면.

천양하. 2013. 외부 해킹 탐지를 위한 사이버 공격 모델링. 한국전자통신학회논문지. 8(9):1313~1318.

존 에릭슨. 2010. 해킹: 공격의 예술. 장재현 외 옮김. 에이콘.

렌 와이즈먼. 2007. 다이하드 4. 20세기 폭스사.

스무디TV. 2015 1 22. C언어 1. 시작해봅시다. YouTube 스무디TV 채널. https://www.youtube.com/watch?v=8E2B16-VEhU&list=PL1IheunyyIbZ7TPhz6R47MCPW2K9X4x2I(2021. 8. 10.).

② CS 방식(Citation-Sequence System)

본문에서 인용한 자료 뒤에 순서대로 번호를 붙이고, 글의 제일 마지막 부분에 인용한 내용이나 글, 소개한 논문, 저서에 대한 정보를 소개하는 방식이다. 흔히 이공 계열에서 'Reference'에 번호가 [1]부터 차례로 붙어 있는 것이 CS 방식으로 작성된 논문이다. 일반적인 미주와 다른 점이라면 앞에서 인용한 글을 다시 인용할 때 새 번호를 부여하는 것이 아니라 앞에서 부여했던 번호를 다시 사용한다는 점이다.

참고문헌을 작성하는 방식은 NY 방식과 동일하나 자료들의 발행 연도를 저자명 다음에 적지 않고, 서술의 가장 뒤쪽에 제시한다는 점이 다르다.

③ CN 방식(Citation-Name System)

CS 방식과 NY 방식을 혼합한 것인 CN 방식이다. 가장 먼저 참고문헌에 제시할 자료들의 저자명을 기준으로 자모순 혹은 알파벳순으로 정리한 후 그에 따라 일련번호를 매긴다. 그런 후 본문에서 해당 논문이 언급될 때 NY 방식과 동일한 방식으로 본문 끝에 대응되는 논문의 번호를 표기하는 방식이다.

일반적으로 이공 계열에서 가장 많이 활용되는 것은 CS 방식이다. 하지만 똑같은 CS 방식을 활용하더라도 학회나 전공 분야에 따라 주석과 참고문헌 내에서 기호나 정보를 제시하는 순서 등의 세부 방식이 다를 수 있다. 이해를 돕기 위해 일반적인 사례를 살펴보면 다음과 같다.

예시 10

■ CS 방식으로 정리한 경우

1. 서론

차량의 다양한 요구 기능을 해결하기 위해 전기전자제어장치의 비율이 점점 증가하여, 원가 비율이 2010년 32%, 2015년에는 40%까지 늘어날 전망이다. 이에 전기전자제어장치의 핵심 구성 요소인 차량용 반도체의 시장 규모도 2011년 27조, 2015년 41조까지 증가할 것으로 예상되고 있다[1].

현재 차량용 반도체는 메모리/비메모리, 전원 반도체, MCU 등 대략 200여 개의 반도체가 사용되고 있으며, 일반 차종에는 평균 40개, 고급 차종에는 100개 이상의 반도체를 내장하고 있다[1].

차량용 반도체는 가정, 산업용 반도체보다 온도, 습도, 허용 불량률 등의 요구에 있어서 요구 수준이 높다. 특히, 차량 문제는 인명 사고와 직결되므로 차량용 반도체 단위부터 고신뢰성을 확보해야 한다. 표1은 10년 동안 10만 mile(16만 km) 운행 기준으로 컴포넌트 및 소자별 결함 허용 목표치를 보여준다[2].

(중략)

Reference

[1]Chris Webber, "Automotive Semiconductor Demand Forecast 2011-2020," Strategy Analytics, 2013.

[2]D. S. Ahn, "Consideration of Developing Automotive Semiconductor and Reliability Test," Bizocean, 2012. (in Korean)

[3]Annette Reutter, Dieter Lederer, "CMMI in Semiconductor Development," ATZ Electronic, 2006.

(이하 생략)

– 도성룡·한혁수, 「차량용 반도체의 품질 확보를 위한 사양 및 설계 개발 프로세스 수립」
(『정보과학회논문지』 41-9, 한국정보과학회, 2014)

예문의 서론을 살펴보자. 첫째 단락에 '[1]'이 사용되었음에도 둘째 단락에 다시 '[1]'이 등장하고 있다. 이처럼 같은 글에서 동일한 자료를 다시 인용할 경우, 처음에 부여받은 번호를 재사용한다. 그리고 다른 인용 내용이 있을 때에는 셋째 단락에 표시된 바와 같이, 새 번호를 순차적으로 부여해 간다.

'Reference'도 이 순서에 맞춰 작성하면 된다. 예시문의 'Reference'를 보면 저자 이름의 가나다순(abc순)이 아닌데, 이것은 글에서 인용한 순서대로 번호를 부여했기 때문이다. 그러므로 CS 방식으로 'Reference'를 작성할 때, 글에서 인용한 순서대로 해당 글을 소개하면 되고 반드시 인용한 순서에 따른 번호를 밝혀 주어야 한다.

예시 11

■ 인용하는 내용과 관련된 글이 여럿일 경우

세포접착(Cell adhesion)은 세포의 이동, 분화 및 성장 조절 등 많은 생물학적 과정에 필수적인 요소이며, 세포접착은 광범위한 의미에서 cell-cell 및 cell-matrix 상호 작용이 모두 포함된다.[1]-[7]

- 권현규·임건,「글래스비드 정밀공급기구에 의한 바이오재료평가용 AFM프로브의 개발」
(『한국기계가공학회지』 13-6, 한국기계가공학회, 2014)

한편, 인용하는 내용과 관련된 논문이 여러 개 존재할 때가 있을 수 있다. 이 경우 해당하는 논문에 부여된 번호를 연속적으로 밝혀 주면 된다. 위의 예시는 CS 방식을 따라 작성되어 있고, 문장의 마지막 부분에 "[1]-[7]"과 같이 활용된 자료들이 언급되어 있다. 이는 본문의 서술이 'Reference'의 [1]부터 [7]까지 언급된 자료들과 관계되었다는 의미이다. 만약, "[1]-[7]"이 아니라 '[1], [7]'로 제시되어 있다면, 본문의 서술이 'Reference'의 [1]과 [7]에서 소개한 자료들과 연결된다는 의미이다. 하지만 번호 표기 방식도 전공이나 학회에 따라 차이가 있으므로, 자신의 전공 분야에서 널리 사용하는 방식을 알고 사용법에 익숙해질 필요가 있다.

참고문헌은 글에서 인용한 자료를 소개하는 부분이므로, 인용한 자료는 빠짐없이 소개해야 한다. 참고문헌은 글의 제일 마지막에 정리하므로 글에 대해 끝까지 좋은 인상을 주려면 참고문헌도 잘 작성해야 한다.

활동

1. 다음 예문을 살펴보고 여기서 쓴 간접 인용 방식에 어떤 문제가 있는지 생각해 보고, 해결 방안을 제시해 보자.

인도와 아프리카의 주변적인 토지에서 자라는 자트로파(Jatropha)라는 식물은 소규모 생산자들이 자신들의 식량 생산에 피해를 입지 않으면서 기를 수 있는 바이오연료 원재료로 권장됐다. 자트로파의 씨는 기름 함유도가 30%로 유채의 씨와 비슷하다. 따라서 자트로파의 씨로 바이오디젤로 전화시킬 수 있는 기름을 꽤 많이 만들어낼 수 있다. 그러나 '주변적'인 토지는 생산성 수준이 낮기는 하지만 가축을 기르는 데 필요한 땅인 경우가 많다. 게다가 어디에서든 작물을 기르기 위해서는 상당량의 물이 필요하며, 건조한 조건에서는 단위면적당 기름 생산량이 적다. 관개시설이 잘 돼 있는 더 좋은 땅에서 작물을 재배하는 것이 더 경제적이고 생산량도 훨씬 더 많을 것이다. 그러나 그렇게 하면 식량을 생산하기 위한 토지 사용이 억제된다. 또 다른 문제는 자트로파가 독을 가지고 있어서 인도의 어린이나 가축에게 중독 사고를 일으키는 원인이 된다는 점이다. 영국 회사인 디원(D1)은 인도와 아프리카에서 모두 47만 5천 에이커(19만 2천 헥타르)에 달하는 면적의 땅에 자트로파를 심었다(≪가디언≫, 2008. 4. 9).

- 프레드 매그도프, 「바이오연료의 정치경제학과 생태학」

(존 벨라미 포스터 외, 『생태논의의 최전선』, 김철규 외 옮김, 필맥, 2009:159)

활동

2. 아래 A글의 [ ] 부분에 B글을 간접 인용하려고 한다. B글을 적절히 요약, 정리하여 인용하고 내각주로 처리하여 보자.

A

지난 반세기 동안 비약적인 경제 발전에 힘입어 소득 수준이 높아짐에 따라 다양한 분야에서 인류의 생활 방식이 크게 바뀌게 되었다. 교통 분야의 경우 개인의 이동 욕구 증대, 국제적인 교역의 증가와 더불어 인터넷을 활용한 물품 구매의 확산으로 물류량이 비약적으로 증대됨에 따라 육상 교통량 또한 증가하였다. 이러한 육상 교통량의 증가는 만성적인 교통 혼잡, 교통사고, 대기오염 등의 문제를 발생시키고 있으며 이로 인하여 인적, 물적 손실과 아울러 경제적, 사회적 비용을 증대시키고 있다.

[ ]

이에 미국, 유럽, 일본 등의 교통 선진국들은 육상 교통 시설의 증설과 함께 전자, 통신 등의 정보통신 기술을 활용한 교통 체계의 효율적 관리를 통하여 증가하는 교통 수요에 대응해 나가고 있으며, 육상 교통의 문제를 해결하고자 오래전부터 육상 교통 환경에서 정확한 위치 결정에 관한 연구를 진행하고 있다.

- 이은성 외, 「육상 교통 환경의 위성항법 위치결정 성능 향상을 위한 기술 동향」
(『항공우주산업기술동향』 10-1, 항공우주학회, 2012:180)

B

2005년 기준 교통 혼잡 및 사고로 인한 사회적 비용은 GDP의 4.7%에 해당하는 약 38조 원(혼잡비용 23조 7,000억 원, 사고 비용 14조 3,000억 원)을 지불한 것으로 나타났다. ITS/텔레매틱스 표준 기술은 피크타임에 집중되는 교통 수요를 적절히 분산시켜 운용비용 절감 및 운전자의 만족도를 제고할 수 있으며, 물류 유통시 발생하는 막대한 사회적 비용을 경감시킬 수 있다. 이에 지능형 교통 시스템의 조기 정착이 필요하다.

- 박세환, 「ITS/텔레매틱스 관련 표준기술 및 시장동향」
(『TTA Jouranl』 137, 한국정보통신기술원, 2011:91)

글쓰기 자연과학 · 공학계열

03 비판적 읽기와 요약

03 비판적 읽기와 요약

01 비판적 사고와 읽기

비판이란 무엇인가?

비판(批判)이라는 말은 사물의 옳고 그름을 따지고 판단하여 그 진의를 밝혀내는 일체의 지성적 행위를 말한다. 일반적으로 알려져 있듯이, 남을 꼬집거나 험담하는 것으로 한정되지는 않는다. 비판이라는 말의 어원을 따라가 보면 이 뜻은 분명해진다. 먼저, 한자어 '비평할 비(批) 자'를 잘 보면 손 수(手) 변에 견줄 비(比)로 이루어져 있다. 즉 사물의 잘잘못을 서로 견주어 가려낸다는 의미이다. 다음으로 '판단할 판(判) 자'를 살펴보면 반 반(半)과 칼 도(刀)로 이루어져 있다. 즉 큰 칼로 소를 절반으로 자르듯이 어떤 사물을 쪼개고 나눈다는 의미이다. 다음으로 비판이라는 말에 해당하는 영어 단어에는 'criticism'이 있다. 그런데 이 말은 희랍어 'krinein' 및 라틴어 'criticus'에서 나왔다. 이 때 희랍어 'krinein'이라는 말은 '나누다'나 '분석하다' 그리고 '구분하다'나 '식별하다' 등의 의미를 지니고 있다. 이러한 어원적 의미를 종합해 볼 때 비판이란 말은 사물을 분석하고 판단하는 것과 연관된 일체의 지성적 활동임을 알 수 있다.

비판적 사고

비판적 사고는 타자의 주장이나 논증에 대한 '회의적 태도', '엄밀한 분석' 그리고 '설득의 방법'이라는 3가지 특징을 가지고 있다.

ㄱ. 비판적 사고는 회의적 태도를 수반한다.

이것은 사물에 대한 일체의 의심이나 회의를 뜻한다. 하지만 그것은 무조건적인 의심이나 불신을 뜻하지는 않는다. 여기에서 회의적 태도라고 하는 것은 지금 우리가 알고 있는 것들이 사실이 아닐 수도 있으며, 사실이라 할지라도 전체의 한 부분에 지나지 않는 파편적인 것일 수도 있음을 인정하는 개방적인 인식의 태도를 말한다.

ㄴ. 비판적 사고는 엄밀한 분석을 전제한다.

비판이라는 말의 어원이 함축하고 있듯이, 비판적 사고는 입장이나 논증에 대한 엄밀한 분석을 요구한다. 이러한 엄밀한 분석을 통하여 우리들은 우리 앞에 놓인 다양한 입장들이나 논증들을 더 잘 분석할 수 있으며, 이러한 분석을 토대로 하여 주장이나 논증의 본질에 접근할 수 있는 것이다.

ㄷ. 비판적 사고는 설득의 방법을 함양한다.

우리는 살아가면서 끊임없이 자신의 주장을 관철시키거나 자기 입장을 이해시키기 위해 다른 사람을 설득해야 한다. 과거에는 힘이나 물리력으로 자신의 주장이나 입장을 강제하는 경우가 빈번하였으나, 21세기 지식정보화 사회에서는 비판적 사고에 근거한 논증이 아니고서는 다른 사람을 지속적으로 설득할 수 없다.

비판적 사고와 논증

비판적 사고의 핵심은 논증에 대한 이해와 평가에 있다. 논증은 하나의 주장(논지)과 그것을 지지하는 근거(논거)의 집합으로 구성된다. 비판적 사고에 있어서는 언어, 즉 말이나 글로 표현된 이유나 근거에 의해서 지지되는 주장만을 논증으로 인정한다.

논증은 독단과는 구별된다. 독단에 주장만 있고 그 주장을 뒷받침하는 논거들이 없는 데 반해서, 논증은 논지와 그것을 뒷받침하는 일련의 논거들로 구성되어 있다.

① 신은 존재한다. 확실한 근거는 없지만, 어쨌든 신은 존재한다.

② 신은 존재하지 않는다. 확실한 증거는 없지만, 신은 존재하지 않는 게 확실하다.

윗글에서 ①과 ② 모두 "신이 존재한다.", "신이 존재하지 않는다."라는 주장을 펼치고는 있지만, 그 주장을 지지하는 논거들이나 이유들을 제시하지 못하고 있다. 독단의 대표적인 사례들이다.

논증이 비판적 사고의 핵심이라면, 주장이나 결론에 대한 근거나 이유 확보는 논증의 심장이다. 다양하고도 깊이 있는 사고 훈련을 통하여 근거를 확보하는 훈련을 해야 한다.

비판적 읽기

비판적 읽기는 비판적 사고의 연장선상에 있다. 비판적 읽기란 주어진 글을 단순히 읽고 이해하는 차원을 넘어 글의 내용이나 가치 그리고 구조에 대해 분석하고 평가하는 지적 판단 작업 전체를 말한다. 이런 점에서 비판적 사고에서 강조되었던 주장이나 결론에 대한 회의적 태도와 엄밀한 분석 등은 비판적 읽기에서도 동일하게 유지되는 요소이다.

비판적 읽기 능력을 강화하려면 다른 사람이 쓴 글의 내용이나 구조에 대한 꼼꼼한 이해가 전제되어야 한다. 물론 개중에는 신변잡기(身邊雜記)에 가까운 이야기를 나열식으로 전개하는 가벼운 글들도 있다. 하지만 전공 수업 중에 읽는 글들이 각 계열의 고전이나 고전에 준하는 권위 있는 저작이라고 가정했을 때, 그러한 글에는 논증, 즉 저자의 고유한 생각이나 주장이 다양한 논거들과 함께 제시되어 있다. 특히 계열별 각종 고전 중에는 형식적으로 타당하고 내용적으로도 건전한 좋은 글들이 많다. 우리는 좋은 글이 많이 들어 있는 각 계열별 고전이나 고전에 준하는 저작들을 많이 읽고 요약함으로써, 학술적 글쓰기의 기초 실력을 배양해야 할 것이다.

논증 구조 분석

논증 구조에 대한 분석적인 이해는 일차적으로 글쓴이의 생각이나 주장에 대한 올바른 이해를 요구한다. 즉 글쓴이의 생각이나 주장을 본격적으로 비판하고 평가하기 위해서는 우선적으로 글쓴이의 주장을 최대한 존중하는 태도를 지니고서 그의 논거들을 이해해야 하는 것이다. 심지어 논증에는 드러나 있지 않은 숨은 전제까지도 보충하여 이해하려는 호의적 태도를 지녀야 한다. 논리학에서 '자비의 원리(principle of charity)'라고 불리는 이러한 원리를 통하여 우리들은 다른 사람의 글에 대한 균형 잡힌 시각과 태도를 확보할 수 있을 것이다.

다음은 아리스토텔레스의 『정치학』 제1권 제1장에 나오는 내용이다. 이 글을 비판적으로 읽으면서 글의 논증 구조를 어떻게 분석할 것인지 공부해 보도록 하자.

> "① 모든 국가는 일종의 공동체이다. ② 그리고 모든 공동체는 어떤 좋은 것을 이루기 위해 성립된 것이다. ③ 왜냐하면 인간이란 언제나 자신이 좋다고 생각하는 것을 얻으려고 생각하기 때문이다. ④ 그런데 모든 공동체가 어떤 좋은 것을 목표로 한다면, ⑤ 최고의 공동체이며 다른 모든 것을 포괄하는 공동체, ⑥ 곧 국가라는 정치공동체는 다른 어떤 공동체보다 더 좋은 것, 가장 좋은 것을 목표로 한다고 할 수 있다."

윗글에서 아리스토텔레스의 주장, 곧 논지는 맨 마지막 문장인 ⑥ "국가라는 정치공동체는 다른 어떤 공동체보다 더 좋은 것, 가장 좋은 것을 목표로 한다."이다. 이것은 조금만 주의 깊게 읽으면 어렵지 않게 파악할 수 있다. 그런데 논지 ⑥ 바로 앞에 있는 문장, 즉 ⑤ "[국가는] 최고의 공동체이며 다른 모든 것을 포괄하는 공동체"라는 문장을 자세히 살펴보면, 그것은 논지 ⑥과 동일한 이야기를 하고 있는 것임을 알 수 있다. 이렇게 하여 이 글의 논지는 ⑥ "국가라는 정치공동체는 다른 어떤 공동체보다 더 좋은 것, 가장 좋은 것을 목표로 한다."이며, 이 논지와 동일한 문장은 ⑤ "[국가는] 최고의 공동체이며 다른 모든 것을 포괄하는 공동체[이다]"임이 확인되었다.

논증의 논지가 ⑥임이 파악된 다음에 해야 할 일은 논거들을 확보하는 것이다. 논지 ⑥의 근거로는 첫 번째 문장인 ① "모든 국가는 일종의 공동체이다."와 두 번째 문장인 ② "모든 공동체는 어떤 좋은 것을 이루기 위해 성립된 것이다."라는 것이 있다. 이 3문장만 가지고도 국가에 관한 짧은 글이 성립될 수 있다. 그럼 그 외의 문장들은 어떻게 이해해야 할까?

먼저, ③ "왜냐하면 인간이란 언제나 자신이 좋다고 생각하는 것을 얻으려고 생각하기 때문이다."와 ④ "모든 공동체가 어떤 좋은 것을 목표로 한다."라는 문장을 살펴보자. 그런데 이 중에서 ③은 ①과 ②를 뒷받침해 주는 더 근원적인 논거로 작용한다. 즉 ③이 ①과 ②를 지지하고, 그 지지 위에서 ①과 ②는 다시 ⑥을 지지하고 있는 것이다. 그럼 ④ "모든 공동체가 어떤 좋은 것을 목표로 한다."라는 문장은 어디에 걸리는 것일까? 자세히 들여다보면, 그것은 ② "모든 공동체는 어떤 좋은 것을 이루기 위해 성립된 것이다."와 동일한 것임을 어렵지 않게 알 수 있다. ⑤가 ⑥과 동일하듯이, ④는 ②와 동일한 것이다.

결론적으로, 아리스토텔레스 『정치학』 제1권 제1장에 등장하는 이 단락은 하나의 논지와 2개의 논거로 이루어진 논증문임을 알 수 있다.*

활동

1. 아래에 인용된 글을 읽고, '내집단 편향'이 비판적 사고에 미치는 영향에 대해 이야기해 보자.

모든 집단은 성장하는 과정에서 내집단 편향을 이용한다. 예를 들어 종교 단체도 발생 단계에서는 내집단 편향을 이용했다. '집단 내의 교리=정의'라 말하며 그 정의에 반대하는 집단을 모두 외집단으로 만들어 버린 것이다. 외부의 박해를 '정의를 저해하는 악'이라 명하고 집단 구성원 공통의 적으로 규정짓고 나면 집단의 결속이 점점 두터워지기 때문이다. 특히 수많은 종교 집단에서 이러한 구조를 볼 수 있는데, 그 대표적인 예로 초기 기독교를 들 수 있다. 초기 기독교는 박해를 받아 오히려 신도들의 신앙심이 깊어졌으며 그로 인해 집단의 규모도 크고 강인해졌다. 일본의 종교인 니치렌의 포교 스타일도 이와 유사하다. 일부러 적을 만들고 상대의 공격을 오히려 신앙심을 높이는 요인으로 활용한 것이다. 집단을 형성한 신도들이 활동을 촉진하여 강인하고 장기적으로 지속된 수 있는 집단으로 만드는 데에 성공했다.

이렇게 '정의를 위해 몸바쳐 싸우는 것'을 뇌과학적으로 봤을 때 그 효용이 결코 적지 않으며 뇌 안의 보수계를 활성화시키는 효과가 있다. 인간을 유심히 관찰하여 '타인을 용서하지 못하는 감정'을 정의와 결부시키고 집단 내의 결속을 도모하는 데 이용하는 동시에, 그 자체에서도 쾌감을 느끼는 것이다. 한 종교가 내부에서 분열되어 파가 갈릴 때 이와 같은 흐름을 보이는 경우가 많다. '공격을 견딜 수 있는 정신력과 자원이 있다면'이란 조건이 붙긴 하지만 외집단이 반발할 만한 정의 구조를 만들 수만 있다면, 외집단의 공격을 이용해 내집단의 결속을 다지고 대항하기를 반복해 조직을 확대할 수 있다.

자신은 무교이므로 관계없다고 생각하는 사람도 있을 것이다. 그러나 이러한 현상은 종교 단체에 국한되지 않는다. 종교 단체는 어디까지나 수많은 예시 중 하나일 뿐이다. 이러한 집단의 특징은 인터넷 사회가 발전하면서 점점 은밀해지고 나도 모르게 그 시스템 안으로 들어가 버릴 가능성이 크다는 점에 있다. SNS에서는 비슷한 것끼리 연결되는 경우가 많아서, 자신과 비슷한 성향의 집단에서 원하는 정보만 취사선택하게 된다. 매일 그것을 반복하다 보면 어느새 자신은 옳고, 자신의 주장이 곧 정의이며, 그것이 세상의 진리라고 믿게 된다. 이를 확증 편향이라고 하는데, 집단 내에서도 나타날 수 있다. 심층 학습이 얼마나 무서운지를 보여 주는 것이기도 하다. 우리는 '인터넷에서 새로운 지식을 얻었다' '새로운 뉴스를 접했다'고 생각하겠지만, 사실 그것은 필터에 걸러진 정보일 뿐이며 자신의 세계는 매우 한정적일지도 모른다는 사실을 알아야 한다. 인터넷 기반의 기업이나 광고주는 사람들이 다양한 정보를 고루 접하거나 균형 있게 세상을 바라보길 원하지 않는다. 그들의 바람은 단순하다. 사람들이 얼마나 '클릭'을 많이 하는가.

진부한 이야기로 들리겠지만, 신문이나 책을 취사선택해서 읽지 않고 다양하게 훑어보는 행위가 의외로 중요하다. 또 일부러 자신과 의견이 다른 사람, 자신과 다른 부류의 사람을 팔로우하거나 전혀 관심 없는 정보를 검색해 보는 것도 효과가 있다.

가능하다면 자신과 다른 외집단 사람들의 생각도 단순히 '외집단이니까'라며 배제하지 않고 존중하며 서로 인정하는 것이 좋다. 하지만 사실 이것은 뇌과학적으로 어려운 문제다. 상대가 누구든 공감하며 행동하고 인간으로서 존중하며 인정하는 것은 매우 고차원적인 기능으로, 전두엽의 안와전두피질(Orbitofrontal cortex)이라는 영역에서 관장한다. 이곳은 25~30세 정도가 되어야 성숙하며, 완전히 발달하려면, 그에 상응하는 자극(교육)이 필요하다. 또 알코올 섭취나 수면 부족 등과 같은 이유로 기능이 쉽게 저하된다. 게다가 그 기능이 완성되기까지는 인생의 약 3분의 1 정도되는 오랜 시간이 걸리는 데 반해 쇠퇴하는 것은 순식간이다.

– 나카노 노부코, 『정의 중독』(김현정 옮김, 시크릿하우스, 2021:55~57)

* 김용규(2007), 『설득의 논리학』, 웅진지식하우스, 90~91쪽 참조.

활동

2. 아래에 인용된 글을 읽고 물음에 답해 보자.

41 종족의 우상은 인간성 그 자체에, 인간이라는 종족 그 자체에 뿌리박고 있는 것이다. '인간의 감각이 만물의 척도다'라는 주장을 생각해보면 쉽게 이해가 갈 것이다. 이것은 물론 그릇된 주장이지만, 인간의 모든 지각은 감각이든 정신이든 우주를 준거로 삼는 것이 아니라 인간 자신을 준거로 삼기 쉽다는 것을 여실히 보여주는 말이다. 표면이 고르지 못한 거울은 사물을 본모습대로 비추는 것이 아니라 사물에서 나오는 [반사]광선을 왜곡하고 굴절시키는데, 인간의 지성이 꼭 그와 같다.

42 동굴의 우상은 각 개인이 가지고 있는 우상이다. 즉 각 개인은 (모든 인류에게 공통적인 오류와는 달리) 자연의 빛을 차단하거나 악화시키는 동굴 같은 것을 제 나름대로 가지고 있다. 그것은 개인 고유의 특수한 본성에 의한 것일 수도 있고, 그가 읽은 책이나 존경하고 찬양하는 사람의 권위에 의한 것일 수도 있고, 첫인상의 차이(마음이 평온한 상태에서 생겼는지, 아니면 선입관이나 편견에 사로잡힌 상태에서 생겼는지)에 의한 것일 수도 있다. 그러므로 인간의 정신은 (각자의 기질에 따라) 변덕이 심하고, 동요하고, 말하자면 우연에 좌우되는 것이다. 헤라클레이토스가 '인간은 넓은 세계에서가 아니라 상당히 좁은 세계에서 지식을 구하고 있다'고 했는데, 매우 정확한 지적이라 하겠다.

43 또한 인간 상호간의 교류와 접촉에서 생기는 우상이 있다. 그것은 인간 상호간의 의사소통과 모임에서 생기는 것이므로 시장의 우상이라 부를 수 있겠다. 인간은 언어로써 의사소통을 하는데, 그 언어는 일반인들의 이해수준에 맞추어 정해진다. 여기에서 어떤 말이 잘못 만들어졌을 때 지성은 실로 엄청난 방해를 받는다. 어떤 경우에는 학자들이 자신을 방어하고 보호할 목적으로 새로운 정의나 설명을 만들기도 하지만, 사태를 개선하지는 못한다. 언어는 여전히 지성에 폭력을 가하고, 모든 것을 혼란 속으로 몰아넣고, 인간으로 하여금 공허한 논쟁이나 일삼게 하고, 수많은 오류를 범하게 한다.

44 마지막으로 철학의 다양한 학설과 그릇된 증명 방법 때문에 사람의 마음에 생기게 된 우상이 있는데, 나는 이를 극장의 우상이라 부르고자 한다. 지금까지 받아들여지고 있거나 고안된 철학 체계들은, 생각건대 무대에서 환상적이고 연극적인 세계를 만들어내는 각본과 같은 것이다. 현재의 철학 체계 혹은 고대의 철학 체계나 학파만 그런 것이 아니다. 그와 같은 각본은 수없이 만들어져 상연되고 있는데, 오류의 종류는 전혀 다르지만 그 원인은 대체로 같다. 철학만 그런 것이 아니다. [철학 이외에] 구태의연한 관습과 경솔함과 태만이 만성화되어 있는 여러 분야의 많은 요소들과 공리들도 마찬가지다.

- F. 베이컨, 『신기관』(진석용 옮김, 한길사, 2001:49~51)

1) 베이컨이 비판한 4가지 우상을 정리하고 그 배경을 이야기해 보자.

2) 베이컨이 비판한 4가지 우상 중 참된 지식 형성을 방해하는 것은 무엇인지 이야기해 보자.

활동

3. 다음 글은 과학 전문 저널리스트로 활동하면서 생물학 및 철학 등 다양한 측면에서 인간의 본성을 탐구해 온 매트 리들리의『이타적 유전자』의 일부이다. 이 글에서 그는 인간의 유전자는 이기적임과 동시에 이타적이며, 노닉과 사회성은 이타적 유전자의 명령에 의한 것임을 설득력 있게 논증하고 있다. 아래 글을 비판적으로 읽으면서 그의 주장과 논거 간의 지지 관계를 살펴보자.

1888년, 머리가 벗겨지고 텁수룩한 수염에 안경까지 걸친, 뚱뚱한 몸집의 중년 신사 크로포트킨은 런던 외곽의 해로(Harrow)에서 가난한 프리랜서로 연명하고 있었다. 그러나 그에게는 조국과 혁명에 대한 열정이 여전히 불타고 있었다. 그 해에 토마스 헉슬리가 발표한 논문에 자극받은 그는 향후 그를 대표하게 될 불후의 명작을 저술하기 시작했다. 그 작업은『상호 부조: 진화의 한 요소』라는 단행본으로 출간되었는데, 이 책은 오늘날 기억하는 사람은 별로 없지만 실로 예언자적 저작이다.

헉슬리의 논지는 "자연이란 이기적인 생명체들이 벌이는 냉혹한 투쟁의 장"이라는 것이었다. 그는 토머스 맬서스, 토머스 홉스, 마키아벨리, 성 아우구스티누스, 그리고 그리스의 소피스트 철학자들로까지 거슬러 올라가는 오랜 전통, 즉 인간의 본성은 문화에 의해 길들여지지 않으면 근본적으로 이기적이며 개인주의적이라는 사상적 전통 위에 서 있었다. 반면 크로포트킨은 윌리엄 고드윈, 장 자크 루소, 펠라기우스, 플라톤으로 거슬러 올라가는 또 다른 전통, 즉 인간은 원래 선하고 자비롭게 태어났으며 단지 사회가 인간을 타락시켰다고 보는 사상적 전통을 계승했다.

크로포트킨은 헉슬리가 말한 '생존을 위한 투쟁'이 인간 세계를 제외한 자연 세계에서 그가 관찰한 사실들과 전혀 들어맞지 않는다고 주장했다. 삶이란 피투성이의 난투 또는 (헉슬리가 자신의 책에 인용한 홉스의 구절에 따르면) "만인의 만인에 대한 투쟁"이 아니며, 삶의 특징은 경쟁이 아니라 협동이라는 것이었다. 역사적으로 볼 때 가장 협동적인 동물이 가장 성공적인 동물이었다. 개체와 개체간의 투쟁만이 진화의 유일한 동인(動因)이 아니며, 개체 사이의 상호부조(相互扶助) 추구도 역시 진화의 동인이다.

크로포트킨은 "이기성은 동물성의 유산이며 도덕성은 문명의 유산"이라는 생각을 거부했다. 협동은 태곳적부터 내려오는 동물적 전통으로서, 다른 동물들과 마찬가지로 인간에게도 부여되었다는 것이 그의 생각이었다. "그러나 만일 우리가 간접적인 증거를 찾고자 한다면 자연에게 물어보자. '누가 최적자인가? 서로 끊임없이 전쟁을 치르는 종인가, 아니면 서로 도와가며 살아가는 종인가? 상호부조의 습성을 배운 종이야말로 의심할 여지없이 최적자임을 우리는 금방 깨닫게 될 것이다."

그는 삶이 이기적 존재들 간의 냉혹한 투쟁이라는 생각을 받아들일 수 없었다. 그는 충실한 동지들의 목숨을 건 도움으로 탈옥에 성공하지 않았던가? 동지들의 이타주의가 헉슬리 식의 투쟁론으로 설명될 수 있겠는가? 앵무새가 다른 새들보다 뛰어난 이유는 다른 새들보다 사회적이고 지능이 더 높기 때문이다. 인간의 역사를 살펴보면 협동은 문명화된 시민 사회뿐만 아니라 원시 종족 사회에서도 공통된 특징이다. 촌락 공동체의 공동 경작지나 중세 길드의 역사에서 확인되듯이, 사람들이 서로 도우면 도울수록 사회는 번영했다.

러시아의 코뮌이 목초지의 꼴을 베는 풍경-사내들은 누가 더 낫질을 빨리 하는지 경쟁하고 아낙네들은 꼴을 털어 더미에 쌓아올리는 풍경-은 세상에서 가장 경외스러운 모습이다. 그것은 인간의 노동이 어떠할 수 있는지, 또 어떠해야 하는지를 보여준다.

크로포트킨의 이론은 찰스 다윈의 이론과 같은 기계적 진화론이 아니었다. 다윈은 사회성이 높은 종이나 집단이 사회성이 낮은 종이나 집단과의 경쟁에서 적자생존을 한다는 것-그것은 경쟁과 자연선택의 이론을 개인 차원에서 집단 차원으로 한 단계 끌어올리는 것이었다.-외에는 상호부조가 어떻게 사회 속에서 뿌리내리게 되었는지는 설명하지 못했다. 그래도 다윈은 한 세기 뒤에 경제학, 정치학, 생물학의 분야에 커다란 반향을 일으키게 될 질문을 던졌다. 생존이 본질적으로 경쟁적 투쟁이라면 그토록 많은 협동이 존재하는 이유는 무엇인가? 인간은 왜 그토록 열렬한 협동 애호가인가? 인류는 본성적으로 사회적인 동물인가 아니면 반사회적인 동물인가? 이 같은 질문, 즉 인간 사회의 뿌리에 관한 질문이 바로 이 책에서 내가 추구하던 주제이다. 나는 크로포트킨이 절반은 옳았음을 입증하는 한편, 인간 사회의 뿌리는 그가 생각하는 것보다 훨씬 깊은 곳에 존재한다는 사실을 입증할 것이다. 사회가 제구실을 하고 굴러 가는 것은 우리가 그것을 훌륭하게 고안해 냈기 때문이 아니라, 사회가 우리의 진화된 소양의 산물이기 때문이다. 그것은 문자 그대로 우리의 본성에 내재한다.

- 매트 리들리, 『이타적 유전자』(신좌섭 옮김, 사이언스 북스, 2001:13~15)

활동

4. 심리학자이자 인지과학자인 스티븐 핑커의 『우리 본성의 선한 역사: 인간은 폭력성과 어떻게 싸워 왔는가』란 책은 인간의 역사는 전쟁의 역사이고 인간은 원래부터 구제불가능한 호전적인 존재라는 일반적인 생각에 맞서 그 반대의 주장, 즉 인간의 역사는 전쟁에서 평화로 이행한 역사이며, "어쩌면 현재 우리는 종의 역사상 가장 평화로운 시대를 살고 있는지도 모른다."라는 주장을 펼치고 있다. 이러한 주장을 입증하기 위해서 그는 다양한 문헌과 고고학적·인류학적 자료를 활용한다. 아래 글을 읽고 스티븐 핑커의 논지에 대해 비판적으로 생각해 보자.

폭력의 축소는 삶의 모든 면에 영향을 미친다. 늘 납치, 강간, 살해를 걱정해야 하는 상황에서는 매일의 생활이 현재와는 전혀 다른 것이다. 예술, 학문, 상업을 뒷받침하는 시설이 세워지기 무섭게 약탈되고 불태워지는 상황에서는 그런 활동이 정교하게 발달하기 어려울 것이다.

폭력의 역사적 궤적은 우리가 삶을 살아가는 방식뿐만 아니라 삶을 이해하는 방식에도 영향을 미친다. 인류는 오랜 고군분투의 세월 끝에 결국 더 나아졌을까 나빠졌을까? 이 의문에 대한 인식만큼 삶의 의미와 목적에 근본적인 문제는 또 없다. 우리는 특히 개인주의, 세계주의, 이성, 과학의 힘이 가족, 부족, 종교를 잠식하는 현상으로 규정하는 근대성을 어떻게 이해해야 할까? 우리가 이런 변화의 유산을 어떻게 이해하느냐에 따라, 곧 오늘날의 세상을 범죄, 테러, 집단살해, 전쟁의 악몽으로 보느냐 아니면 역사적 기준으로 보아 유례없이 평화로운 공존과 축복의 시기로 보느냐에 따라, 참으로 많은 문제가 발생한다.

폭력의 추이 앞에 플러스 부호가 붙느냐 마이너스 부호가 붙느냐 하는 문제는 인간 본성에 대한 이해와도 관련된다. 사람들은 흔히 생물학에 기초한 인간 본성 이론은 폭력에 대한 숙명론과 결부시키고 마음을 빈 서판으로 보는 이론은 진보와 결부시키지만, 내가 볼 때는 오히려 그 반대다. 우리 종이 처음 세상에 등장하여 역사가 시작되었던 때, 자연스러운 삶의 모습은 과연 어땠을까? 폭력이 증가했다고 믿는 사람들에 따르면, 우리는 스스로 만든 세상 때문에 아마도 돌이킬 수 없을 만큼 오염되었다. 반면 폭력이 감소했다고 믿는 사람들에 따르면, 우리는 비록 시작은 초라했으나 문명의 이기 덕분에 고상한 방향으로 나아가 왔고 앞으로도 그러리라고 희망해도 좋을 것이다.

이 책은 두툼하다. 그럴 수밖에 없다. 나는 우선 여러분에게 실제 역사적으로 폭력이 줄어들었다는 것을 확인시켜 주어야 하는데, 이 생각 자체가 회의와 불신과 때로는 분노마저 일으킨다는 것을 잘 안다. 우리는 타고난 인지적 도구 덕분에 오늘날이 폭력의 시대라고 믿기 쉽다. 미디어가 '유혈이 낭자하면 톱뉴스가 된다.'는 모토에 따라 그 믿음을 부추기기 때문에 더욱 그렇다. 우리는 사건의 확률을 어림할 때 구체적 사례를 얼마나 쉽게 떠올릴 수 있는가 하는 점에 좌우되는데, 노령으로 죽어가는 사람들의 모습보다는 살육 장면이 아무래도 방송을 더 많이 타고 기억에 더 깊이 새겨진다. 폭력적 죽음은 발생 비율은 낮더라도 절대 수치로는 저녁 뉴스를 채울 만큼 늘 충분히 일어나므로, 폭력에 대한 우리의 인상은 실제 비율과는 괴리되기 때문이다.

– 스티븐 핑커, 『우리 본성의 선한 역사』
(김명남 옮김, 사이언스 북스, 2014:13~15)

활동

5. 다음 신문기사는 "초등학교 한자 교육 필요한가"라는 논쟁점에 대한 찬성측과 반대측의 입장을 정리한 글들이다. 각각의 글에 나타난 주장과 그 주장의 근거를 검토해 보자.

[논쟁] 초등학교 한자 교육 필요한가

논쟁점

초등학교 한자 교육 필요성에 대한 논쟁이 뜨겁다. 찬성측에서는 "한자어 어휘력이 낱말의 정확한 이해에 도움이 되는 만큼 수학 능력에도 보탬이 된다."는 논리에 근거해, 초등학교·중학교 한자 교육 강화 계획을 세우고 교재도 개발하겠다고 한다. 이에 대해, 반대측에서는 "한자 사교육을 부추기고 국어 교육을 무너뜨린다."는 논리에 입각해, 찬성론자들의 논리를 반박하고 있다. 두 입장을 비교 분석해 보자.

찬성측

한자어 지도는 학력 향상의 지름길이다

전광진(성균관대 문과대학장)

서울시교육청이 올 가을 학기부터 초·중학교에서 방과후 한자 교육을 대대적으로 실시한다고 발표했다. 사교육 시장에서는 만화에서 학습지, 급수 시험에 이르기까지 한자 학습의 열풍이 거세다. 이에 비하면 공교육의 대응이 때늦은 감이 있으나 매우 환영할 만한 일이다. 방과후 한자 교육이 사교육을 조장하고, 학생들의 부담을 가중시킨다는 저항도 있어 이에 대한 연착륙(soft landing:소프트 랜딩) 방안을 제시해 본다.

표음(表音)문자는 음을 읽기에 좋고, 표의(表意)문자는 뜻을 알기에 좋다. 표음문자로만 적혀 있는 현행 교과서로 공부하는 학생들이 겪게 되는 1차적인 고통은 한자(漢字)가 아니라 한자어(漢字語)이기 때문이다. 학생들은 한자어를 읽을 줄 몰라서가 아니라 뜻을 몰라 심한 어려움을 느끼고 있다. 전체 학생의 80%가 낮은 수업 이해도로 고민하고 있다고 한다.

"사회적 배려 대상자를 우대해야 한다."는 문장 가운데 핵심 어휘는 100% 한자어다. 한자 지식이 전혀 없는 학생들은 머릿속이 "○○○ ○○ ○○○를 ○○해야 한다."와 같이 캄캄하기만 하다. 한자 지식 부재로 이해력·사고력·독해력이 바닥 수준을 헤매고 있다. 이것이 '공부 혐오증' '학교 폭력' 등을 유발하는 요인이기도 하다. 전국의 모든 학생이 매일 매시간 겪고 있는 절골지통(折骨之痛:뼈가 부러질 정도로 매우 견디기 어려운 고통)을 인식한 서울시 교육청에 대해 경의를 표하고 싶다. 만시지탄(晩時之歎:시기가 늦어 기회를 놓친 것이 원통해 탄식함)과 더불어.

한자어 지도의 필요성을 인식한 것은 참으로 잘한 일이다. 다만 교과서 한자어에 대한 어휘력을 높이겠다는 목적을 '방과후 한자 교육'으로 달성하고자 하는 것은 문제가 있다. 한자 교육은 특정 선생님에 의해 특정 시간에 이루어져야 하는 문제가 따른다. 하지만 한자어 지도는 과목마다 매시간 그때그때 이루어져야 마땅하다. '쇠뿔도 단김에 빼라'는 속담이 있다. 영국 속담 'Strike the iron while it's hot'도 같은 뜻이다. 과목마다 수업 시간에 겪게 되는 괴로움과 고통을 꾹꾹 참아 두었다가 방과 후에 몰아서 해결하겠다면 '식은 쇠'를 두들기는 것만큼 어리석고 무모한 일이다.

'배려'란 한자어의 뜻이 '도와주거나 보살펴 주려고 마음을 씀'이라는 것은 국어사전을 보면 금방 안다. 이 경우에 '배'와 '려' 두 글자가 각각 무슨 뜻인지 알면 좀 더 분명하게 뜻을 파악할 수 있다. '나눌 배'(配)와 '생각 려'(慮) 같은 한자 지식을 바탕으로 '남에게 생각(慮)을 나누어(配) 줌'이라는 한자어 속뜻 정보를 얻도록 한자어 지도를 하면 된다.

종합하자면 수학 능력, 즉 학력(學力)은 한자어 어휘력에 달려 있다. 전 과목 교과서에 석류알처럼 송송 박혀 있는 한자어를 접할 때마다 국어사전을 통해 '단김에' 이해하는 것이 한자 학습의 첫걸음이자 학력 향상의 지름길이다. 또한 시중엔 한자어 속뜻을 풀이한 사전도 나와 있다. 이러한 어휘 지도는 한자 선생님이 아니라 모든 과목, 모든 선생님의 기본적인 책무다. 특정 선생님에 의해 특정 시간(방과후)에 실시하는 한자 교육에 대한 일부의 반감과 저항을 사전(事前)에 근절할 수 있는 방안이기도 하다. 비행기 조종사의 소프트 랜딩은 목숨을 살리고, 학교 선생님의 한자어 지도는 학생을 살린다.

- ≪중앙일보≫, 2013. 7. 27.

(http://article.joins.com/news/article/ article.asp?total_id=12184733&cloc=olink|article|defaul)

반대측

아이들에게 한자 멍에까지 씌울 텐가

리대로(한말글문화협회 대표)

우리 아이들은 영어 조기교육 등 너무 많은 배움에 지쳐 있다. 시험 점수에 기를 펴지 못하고 온실 속의 꽃처럼 허약하게 자란다. 그런데 그 가르치는 것이 제 스스로 배우고 싶어서나 쓸모가 있어서가 아니라 부모의 무분별한 욕심과 잘못된 교육 정책 때문이다. 그래서 아이들의 앞날뿐만 아니라 나라의 앞날이 몹시 걱정된다.

그런데 요즘 서울시교육청은 초등학교 한자 교육을 강화하겠다고 발표했다. 그 이유로 초등학교 책에 한자말이 많은데 그걸 잘 알아보지 못한다는 것과 한자 사교육을 학교 안으로 끌어들여 사교육을 줄이겠다는 것을 들었다. 그럴 듯하게 들리지만 사실이 아니다.

오늘날 책에 나오는 한자말은 거의 일제 식민지 때 배우고 길들여진 일본식 한자말이다. 광복 뒤에 그 한자말을 버리고 우리말을 도로 찾아 쓰자고 했으나 일본식 한자 혼용을 하자는 이들이 반대했다. 그리고 그들은 교과서에 있는 '세모꼴'이나 '네모꼴'이란 토박이말을 '삼각형'과 '사각형'이란 한자말로 바꿨다. 이렇게 한자말을 늘려 놓고는 이제 그 한자말을 알려면 초등학교 때부터 한자를 가르쳐야 한다고 한다. 한심한 일이다.

또 이들은 일본처럼 한자능력 검정 시험 제도를 교육부로부터 허가받아 대기업 입사시험과 일류 대학 입시에 유리하다면서 한자 공부를 부채질했다. 그래서 한 해에 응시료와 교재 판매로 100억여 원을 번다는데 초등학생들이 그 시험을 가장 많이 본다고 한다. 시험 문제는 초등학교 책에 있는 한자말이며 이를 한자 시험 관련 단체들이 가르치고 관련 교재를 만들어 팔고 있다. 그런데 그 한자말 공부를 이제부터 학교 안으로 끌어들이고 세금으로 교재를 개발해 보급하겠다는 것이다. 교육청이 사교육을 도와주겠다는 말이다.

한자를 배우지 않으면 안 되는 중국이나 일본 학생들은 고등학교 교육과정까지 마쳐야 그들 일상생활에 필요한 한자를 다 알 수 있지만, 우리는 초등학교 가기 전에 글자를 모두 안다. 그들에 견주면 10여 년이란 시간과 힘을 벌고 있으나 그 시간과 힘을 한글로 지식과 정보를 얻고 기술을 익혀 창조력을 키우는 데 쓰지 못하고 한자와 영어를 배우는 데 다 허비한다. 복 떠는 일이고 바보스러운 일이다.

한자 교육은 현재 중·고등학교에서 1800자를 배우는 것과 초등학교 자율 학습으로 충분하다. 한·중·일 공용한자 800자도 마찬가지다. 다만 하루빨리 한문 전문가를 키워서 옛 한문 책을 국역하고, 일본식 한자말을 씻어내고 우리 토박이말을 되살려내야 한다. 옛날보다 한자를 덜 쓰는데도 오히려 더 가르치겠다는 것은 딴 목적이 있거나 말글 본질을 모르기 때문으로 보인다.

'弟子(제자)'란 말의 글자 뜻은 '아우 아들'이지만 그 말뜻은 '가르침을 받은 사람'이다. 말뜻은 그 말소리와 문맥에서 나오는 것이지 글자에서 나오는 것이 아니다. 글자가 보이지 않는 라디오 방송을 알아듣는 것을 보면 알 수 있다. 한자 교육 강화는 우리 말글을 못살게 구는 일이다. 우리 아이들을 방과 후에라도 동무들과 뛰놀며 튼튼한 몸과 정신력을 키우게 하여 우리 사회의 건강한 일꾼으로 자라게 하자. 아이들이 하고 싶고 배우고 싶은 것을 스스로 찾도록 도와 주자. 그것이 아이들을 살리고 나라 힘을 키우는 일이다.

- ≪중앙일보≫, 2013. 7. 27.
(http://article.joins.com/news/article/article.asp?total_id=12184733&cloc=olink|article|defaul)

활동

6. 다음 신문기사를 읽고 글쓴이의 주장과 그 주장의 근거 간의 관계를 살펴보자.

'인술'의 의미 모르면 환자를 인간 아닌 제품으로 본다

이정렬(서울대병원 흉부외과)

한 유명 가수의 죽음으로 촉발된 의료사고 논란을 보면서 조금 다른 각도에서 의사라는 직업을 생각해 보게 된다. 이번 일을 지켜보면서 의료인의 한 사람으로 국민이 의료계에 보내는 불신과 지탄의 원인에 대한 반성과 해법에 대한 고민을 정리해 보고자 한다.

생산 제품의 질 관리 효율화 운동 중에 '6 시그마'라는 것이 있다. 100만 개 제품 중 6개 이내만 불량품이 되도록 하자는 고도의 생산 효율화 달성 운동이다. 의료계에서도 효율적인 병원 운영을 위해 6 시그마 개념을 도입하는 것이 유행처럼 번진 적이 있었다.

생명을 다루는 의료야말로 불량률이 제로여야 한다고 생각될 정도로 완벽하게 질 관리가 이뤄져야 하는 분야이다. 의료 행위는 오묘한 인체를 다루는 일이기 때문에 실력, 경험, 인술(仁術)을 아우르는 고도의 종합예술에 가까운 창작 활동이라 할 수 있다. 실력이 부족하면 사고가 나고 경험이 부족하면 되는 것, 안 되는 것을 구별하지 못한다. 인술의 의미를 깨닫지 못하면 환자를 인간으로 보지 못하고 제품으로 보게 된다. 이르는 종교와도 달라서 혼자 구도하고 수양하여 득도(?)할 수도 없는 분야이다. 곰곰이 생각해 보면 의사라는 직업은 참으로 힘들고 까다로운 직종이 아닐 수 없다. 환자와 가족이 항상 곁에 붙어 있고 그들로부터 존경을 받지 않고는 득도의 '득'자도 입 밖에 낼 수 없기 때문이다.

일반적으로 의과대학을 들어간 후 평생 의사로서 산다면 한 40년 정도를 봉사할 수 있다. 다른 기술이 없으니 의사로 시작해서 의사로 삶을 마감하는 것이 보통 의사들의 삶이다.

의사의 인생을 세 단계 정도로 나눌 수 있다는 생각이 든다. 1단계는 길고 험한 수련 과정이다. 고통과 인내의 시기이지만 묵묵히 걸어가야 한다. 의대 학생일 때는 오로지 공부에 매진하고, 수련 기간에는 선배들의 가르침을 겸손하게 습득해야 하며 전문의 자격이 주어진 후에는 돌팔이 소리를 듣지 않도록 잠을 아껴 가며 연마하고 준비해야 한다. 이 시기만 해도 짧은 가방끈(경험과 실력) 덕에, 든든한 선배들 덕에 비교적 안전하다. 환자와 가족에 대한 직접적인 책임도 없어 편하다. 만약 이 시기에 환자를 인간으로 보는 혜안의 가르침까지 접할 수 있다면 그 이상의 축복은 없을 것이다. 하지만 이 시기에 돌팔이가 되면 평생 돌팔이가 될 가능성이 크다.

1단계 수련의 단계를 지나면 2단계로 접어든다. 그런데 1단계를 무사히 또는 특출하게 마친 의사라고 평가받을수록 위험한 게 바로 이 시기이다. 이유를 알 수 없는 '헤어나기 힘든 꽉 찬 자신감' 속에 빠져 들기 쉬운 때이기 때문이다. 이 시기 의사들은 젊고 의욕적이고 진취적이고 도전적인 '핵무기'가 된다. 핵무기의 특성상 원자력 발전에 쓰이면 인류에 보탬이 되겠지만 혹시라도 북한이 만드는 미사일 제작 같은 데 쓰이면 대형 사고를 치게 된다.

이 시기는 성찰의 필요성을 스스로 깨닫기 어려운 시기라는 점에서도 위험하다. 장애물이 없고 장애물이 나타나도 뚫고 간다는 용기와 의욕만 팽배한 시기이기 때문이다. 본인 치료 방침만 옳고 유일한 최고 진료지침이라 여길 수 있다.

과도한 지식 자랑으로 동료와 환자 가슴에 송곳을 꽂을 수도 있다. 그 '자뻑성(?) 헌신'이 오늘날 대한민국 의료 선진화와 국민 건강 행복권을 견인한 원동력이 되기도 했지만 간혹 본의 아니게 환자를 단순히 '병(病)이 달려 있는 제품(불량품)'으로 보는 경우가 있어 안타까울 때가 있다.

3단계 시기는 후배들의 눈부신 활약을 보는 것만으로도 희열을 느끼고 동료 의사의 진료 기술까지도 수용할 수 있는 아량과 통합적 사고가 가능해지는 때이다. 하지만 불행히도 현실을 보면 모든 의사에게 이런 경지가 오는 것 같지는 않아 서글프다.

어쨌든 이 시기가 오면 실수나 부주의로 부끄러웠던 진료를 했던 기억, 환자와 가족에게 따뜻한 보살핌을 소홀히 했던 기억, 그들의 어려운 여건을 돕지 못하고 수수방관한 기억들이 먼지 가득한 기억 창고에서 나와 어리석음에 대해 통렬한 반성을 하게 한다.

진의(眞醫)의 경지라면 환자가 죽는 것, 아파하는 것, 상처가 곪는 것, 환자에게 잘못된 약을 주는 것, 병의 위치를 정확히 파악하지 못한 것, 이 모든 것이 '나의 아픔'으로 인식된다. 필자는 1단계도 2단계도 3단계도 제대로 한 것이 없는 의사인 것 같아 부끄럽다. 진의가 되고픈 욕망은 있으나 쉽지 않은 길임을 알기에 자신은 없다.

이번 신해철 씨 사건의 경우 모든 의사들은 환자를 일부러 소홀히 다루는 경우는 없다는 것을 전제로 할 때 담당 의사는 충분한 경험과 기술은 있었던 것으로 보인다. 다만 다소 환자를 제품(?)으로 보지 않았나 하는 안타까움이 있다. 연배로 보면 필자보다 후배인 것 같아 3단계를 준비하는 2단계 의사 정도로 봐주고 싶다. 망자의 사인(死因)은 결국 밝혀지겠지만 환자의 치료 자체보다는 환자와 가족을 한 인간과 그 가족으로 보는 시야가 조금은 미흡했던 것 같아 아쉽다. 수많은 치료 경험 때문에 생긴 자신감도 약간 과잉이었던 것 같다.

- ≪동아일보≫, 2014. 11. 25.(http://news.donga.com/3/all/20141125/68145277/1)

02 요약하기

요약이란?

요약은 글의 핵심 내용을 줄여 놓은 것으로, 일반적으로 논지와 그 근거를 잘 포착하여 정리한 글을 말한다. 요약은 형식적 요약과 비형식적 요약으로 나누어지는데, 전자는 글의 논리적 구조를 파악하여 이를 논증적으로 재구성하는 것을 말하며, 후자는 글의 주요 내용을 형식에 얽매이지 않고 줄여 표현하는 것을 말한다. 일상적인 의미에서는 후자를 지칭하나, 비판적 분석력을 기르기 위해서는 전자를 많이 연습하는 것이 좋다.

요약 작업의 유의 사항

요약은 주어진 글에 있는 문장들을 단순히 발췌하는 것보다는 가장 중요한 부분으로 독자의 관심을 끌만한 요소들을 잘 포착하여 간결한 용어와 문장들로 재진술하는 것이 좋다. 요약 작업에는 몇 가지 유의 사항이 있다. 그것을 언급하면 다음과 같다.

ㄱ. 글에서 글쓴이가 다루고 있는 중심 문제, 즉 논쟁점이 무엇인지를 파악해야 한다.
ㄴ. 글에서 핵심 개념과 그 개념이 뜻하는 바를 정확히 파악해야 한다.
ㄷ. 글에서 저자의 논지, 즉 주장이 무엇인지를 정확히 파악해야 한다.
ㄹ. 글에서 주장을 뒷받침하는 근거, 즉 전제들은 무엇인지를 정확히 파악해야 한다.
ㅁ. 글의 배경이 무엇인지도 알아야 한다.
ㅂ. 문제에 대한 글쓴이의 관점이 무엇인지도 파악해야 한다.
ㅅ. 글 전반에 깔려 있는 가정이 무엇인지도 알아야 한다.
ㅇ. 글쓴이의 주장이 함축하는 바는 무엇인지도 알아야 한다.

이 중에서 ㄱ, ㄴ, ㄷ 그리고 ㄹ은 요약하기에 있어서 가장 중요한 요소이자 필수적인 요소이다. 비판적 사고 및 읽기를 통해 어느 정도의 실력이 쌓이면 ㅁ, ㅂ, ㅅ, ㅇ에 대한 추정 연습도 병행하면 좋다. 이것들은 글에 직접 나타나 있지는 않지만 깊이 있게 글을 이해하고자 하는 사람들에게는 꼭 필요한 작업이기 때문이다.

요약의 방법

요약은 다음 장에서 공부하게 될 글쓰기 과정의 기본이다. 이것을 통하여 학생들은 글의 논지와 근거 간의 지지 관계를 명확히 이해할 수 있을 것이다. 요약에는 '주제문 선택', '비본질적인 내용 삭제' 그리고 '일반화' 등의 방법이 있다.

ㄱ. 주제문 선택

잘 쓴 글에는 반드시 글쓴이의 생각이나 주장이 담긴 주제문이 있다. 이것을 잘 파악하는 것이 주제문 선택, 나아가 요약의 관건이다. 중심 내용을 뒷받침하는 중요 내용만을 선택하면 되기에, 가장 쉽고 간단한 방법 중의 하나이다.

ㄴ. 비본질적인 내용 삭제

논지와 논거의 지지 관계를 명확히 하기 위해 불필요하고 반복되는 내용을 없애는 방법이 삭제이다. 주제문을 명확히 드러내기 위해 되도록이면 덜 중요하거나 반복적으로 나타나는 구절들을 없애면 된다.

ㄷ. 일반화

일반화란 서로 연관되는 개념들을 가능한 한 상위어로 대치하는 것을 말한다. 초보자에게는 어려울 수도 있으나, 반복적으로 연습을 하다 보면 쉽게 해결할 수 있을 것이다. 다음은 간단한 문장들이지만 일반화의 과정을 잘 보여 준다.

① 기준이는 드럼을 친다.

② 기준이는 원예를 좋아한다.

③ 기준이는 캠핑을 간다.

④ 기준이는 영화를 좋아한다.

⑤ 기준이는 다양한 취미활동 하기를 좋아한다.

①에서 ④까지의 내용은 ⑤로 일반화될 수 있다. 즉 ①에서 ④까지의 내용은 ⑤의 다양한 차원들이라 할 수 있는 것이다. 이처럼 일반화는 하위 단계의 개념이나 범주를 상위 단계의 개념이나 범주로 대치하는 일련의 과정을 말한다.

활동

1. 다음 글에서 필자가 말하고자 하는 핵심 내용을 담은 주제문을 찾아 정리해 보자.

우리에 갇힌 동물보다 자연공원에 방목된 동물이 더 자유로운가. 겉으로는 자유로워 보이지만, 자세히 생각해 보면 본질적으로 다른 점은 하나도 없다. 허용된 자유는 언제든 허락한 측에서 철회할 수도 있는 불완전한 자유, 아니 정확히 말해 자유를 표방한 기묘한 억압에 지나지 않는다. 그래서인지 자연농원의 동물은 자신을 가두는 방의 벽 쪽으로 가기보다는 본능적으로 가운데로 모인다. 하긴 벽에 직면하는 순간, 자신이 갇혀 있다는 사실을 알 테니 얼마나 불쾌한 일이겠는가. "한계를 넘지 않는다면, 너희들 마음대로 해도 좋다." 이것이 허용된 자유의 논리이다. 허용된 자유를 자유라고 받아들이는 순간, 우리는 자신을 검열하게 된다. 체제가 우리를 핍박하려고 할 때, 우리는 나약하게 외칠 것이다. "저는 한계를 지켰는데, 왜 그러세요?" 너무나 어리석고 나약한 한탄을 토해내지 않기 위해서, 우리는 허용된 자유를 거부하고 자신의 자유를 찾아야 한다.

– 강신주, 『김수영을 위하여』(천년의 상상, 2012:21)

활동

2. 다음 글에서 주제문을 찾아 불필요한 내용이나 비유 등을 삭제하여 이 글을 한 문장으로 요약해 보자.

안타깝게도 부자 나라들이 가난한 나라들을 상대로 '사다리 걷어차기'를 하면서 자유 시장, 자유 무역 정책을 강요해왔다는 사실은 역사를 통해 얻을 수 있는 교훈이다. 이미 안정된 자리를 차지한 나라들은 자신들이 과거에 사용해 효과를 보았던 민족주의적인 정책들을 통해 경쟁국들이 늘어나는 것을 원치 않는다. 부자 나라들의 클럽에 최근 합세한 나의 모국 한국도 이런 경향에서 벗어나지 않는다. 한국은 한때 해적판의 천국이었음에도 불구하고 지금은 중국과 베트남에서 한국 가요 해적판 CD와 한국 영화의 해적판 DVD를 만들고 있는 것을 걱정하고 있다.

- 장하준, 『나쁜 사마리아인들』(부키, 2007:99)

활동

3. 다음 글은 아쿠타카와 류노스케의 「코」라는 작품의 일부분이다. 일반화의 방법을 통해서 이 글을 요약해 보자.

그러나 그날은 하루 내내 코가 다시 길어지면 어쩌나 불안했다. 그래서 스님은 독경을 할 때도, 식사를 할 때도, 틈만 있으면 손으로 살짝 코끝을 만져 보았다. 그러나 코는 예의 바르게 입술 위에 자리 잡고 있을 뿐, 그보다 밑으로 늘어질 낌새는 없었다. 하룻밤 자고 다음 날 일찍 눈을 뜨자마자 스님은 제일 먼저 코를 만져 보았다. 코는 여전히 짧았다. 스님은 그래서 법화경을 사경(寫經)한 공을 쌓은 때와 같이 평온하고 느긋한 기분이 되었다.

그런데 이삼 일이 지나는 동안 스님은 의외의 사실을 발견하였다. 그것은 때마침 용무가 있어 이케노오 절을 방문한 무사가, 예전보다 더 우습다는 표정으로 말도 제대로 하지 않고 뚫어지게 스님의 코만 바라보았던 것이다. 그 사람뿐 아니라, 예전에 스님 코를 죽에 빠뜨린 적이 있는 동자승 등은, 강당 밖에서 스님과 지나칠 때에, 처음에는 아래를 바라보며 웃음을 참고 있었으나 끝내 참지 못하겠다는 듯이 왁 웃음을 터뜨리고 말았다. 용무를 지시받는 아래 승려들도 얼굴을 마주한 때는 정중하게 듣고 있어도, 스님이 돌아서기만 하면 곧바로 킥킥 웃기 시작한 것이 한두 번이 아니었다.

스님은 처음에는 자기 얼굴이 바뀌어서 그럴 것이라고 해석하였다. 그러나 아무래도 이 해석만으로는 설명이 충분하지 않았다. 물론, 동자승과 아래 승려들이 웃는 원인은 그런 것임이 분명했다. 그렇지만 같은 웃음이라도 코가 길었던 때와는 어딘가 달랐다. 익숙한 긴 코보다 처음 보는 짧은 코가 더 웃긴다고 하면 그것으로 그만이다. 그러나 그것이라 하기에는 아직 무언가가 석연치 않은 듯하였다.

"전에는 저렇게 함부로 웃지 않았는데……."

스님은 경을 읽다 말고 대머리를 갸웃거리면서 때때로 이렇게 중얼거렸다. 가련한 스님은 그런 때가 되면 반드시 멍하니 옆에 걸린 보현보살[흰 코끼리를 타고 석가 오른쪽에서 따르던 보살] 그림을 바라보면서, 코가 길었던 사오일 전을 떠올리고, '지금은 몹시 초라하게 전락한 사람이 화려했던 옛날을 그리워하는 것처럼' 침울해졌다. 스님은 유감스럽게도 이 질문의 대답을 얻을 수 있는 혜안을 갖지 못했다.

……인간의 마음에는 서로 모순된 두 가지 감정이 있다. 물론, 누구라도 타인의 불행을 동정한다. 그러나 그 사람이 불행을 어떻게라도 극복하게 되면, 이번에는 그것을 바라보던 쪽에서 왠지 섭섭한 마음이 된다. 조금 과장하며 말하자면, 다시 한 번 그 사람을 같은 불행에 빠뜨리고 싶다는 마음조차 생긴다. 그리고 어느 사이에, 소극적이기는 하나, 어떤 적의를 그 사람에게 품게 된다……. 스님이 이유를 모르지만 왠지 불쾌하게 생각한 것은 이케노오 절의 승려와 속세인의 태도에서 이 같은 방관자의 이기주의를 은근히 느꼈기 때문이 틀림없었다.

스님은 나날이 기분이 나빠졌다. 누구와 말을 하다가도 걸핏하면 심술궂게 꾸짖는 말이 튀어나왔다. 결국에는 코 치료를 한 그 제자마저도, "스님은 벌 받으실 거야" 하고 뒤에서 험담을 할 정도가 되었다. 특히 스님을 화나게 한 자는 예의 장난꾸러기 동자승이었다. 어느 날 시끄럽게 개가 짖는 소리가 들려 스님이 무심코 밖으로 나가 보니, 동자승이 두 자 정도 되는 막대기를 흔들면서 털이 길고 마른 삽살개를 쫓아다니고 있었다. 그것도 단지 쫓는 것이 아니라, "코 좀 맞아 볼래? 응? 코 좀 맞아 볼래?" 하고 소리치면서 개를 쫓아다니는 것이었다. 스님은 동자승의 손에서 막대기를 빼앗고 얼굴을 세게 쳤다. 막대기는 이전에 코를 들던 막대기였던 것이다.

스님은 공연히 코를 짧게 한 것이 도리어 원망스러웠다.

그러던 어느 밤의 일이었다. 날이 저물고 나서 갑자기 바람이 불어대는지 탑의 풍경이 울리는 소리가 시끄럽게 머리맡으로 들려왔다. 게다가 추위도 완연히 심해져 노년의 스님은 자려고 해도 잠이 오지 않았다. 그래서 이부자리에서 말똥말똥 눈을 뜨고 있자, 문득 코가 평소와 달리 가려운 것을 느꼈다. 손을 내보니 조금 물집이 생긴 듯 부어 있었다. 아무래도 열도 나는 듯하였다.

"무리하게 줄였으니 병이 났을지도 모르지."

스님은 부처님 앞에 향불을 올리듯 공손한 손놀림으로 코를 만지면서 이렇게 중얼거렸다.

다음 날 아침, 스님이 평소처럼 일찍 눈을 떠보니 절 안의 은행나무와 칠엽수가 하룻밤 사이에 잎을 떨어뜨려서 뜰은 황금을 깐 듯 환했다. 탑 지붕에 서리가 내린 탓일까, 아직 어스레한 아침 햇살에 구륜[九

輪: 불탑의 노반(露盤) 위에 있는 높은 기둥의 장식. 아홉 개의 바퀴 모양의 테로 되어 있다]이 눈부시게 빛나고 있었다. 선지 스님은 덧문을 올린 마루에 서서 깊게 숨을 들이마셨다.

거의 잊혀졌던 어떤 감각이 다시 돌아온 것은 그때였다.

스님은 황급히 코에 손을 갖다 댔다. 손에 닿은 것은 어젯밤의 짧은 코가 아니었다. 입술 위에서 턱밑까지 대여섯 치 정도 늘어진 옛날의 긴 코였다. 스님은 코가 하룻밤 사이에 다시 원래대로 길어진 것을 알게 되었다. 그리고 그와 동시에 코가 짧아진 때와 비슷한 상쾌한 기분이 어디에선가 되돌아온 것을 느꼈다.

"이리 되었으니 이제 아무도 웃지 않겠지."

스님은 마음속으로 이렇게 자신에게 속삭였다. 긴 코를 새벽의 가을바람에 흔들면서…….

- 아쿠타카와 류노스케, 『라쇼몽』(김영식 옮김, 문예출판사, 2013:23~27)

활동

4. 다음 글의 내용을 200자 이내로 요약해 보자.

자연선택은 생명체를 완벽하게 만들어주는 메커니즘인가? 나의 답은 "결코 아니다."이다. 그럼 지금부터 왜 자연선택이 생명체를 완벽한 존재로 만들지 못하는가 그 이유를 살펴보기로 하자.

첫째, 자연선택이 작동하는 환경이 언제나 일정하지 않기 때문에 완벽을 추구하기 어렵다. 지구온난화가 무서운 속도로 진행되고 있는 이 시점에 물론 그럴 능력은 없지만 만일 어느 생명체가 자신의 자손을 더운 날씨에 잘 견디는 방향으로 '진보'시키는 작업을 하고 있다고 하자. 아주 오랜 세월 지구온난화가 지속된다면 어쩌면 성공적인 전략이 될 수도 있겠지만, 지구가 종종 기온이 오르는 듯하다가 졸지에 빙하기를 맞았듯이 몇 년 후 갑자기 기온이 뚝 떨어지면 더위에 잘 견디도록 준비시킨 자손들은 하루아침에 절멸하고 말지도 모른다. 지구의 역사를 돌이켜보면 얼마간은 환경이 그런대로 일정하게 유지되다가도 홀연 급변해온 것을 알 수 있다. 끊임없이 변화하는 환경 속에서 제아무리 자연선택이라도 완벽한 작품을 만들어내는 일은 한 마디로 불가능하다.

둘째, 생물의 진화에는 온갖 형태의 제약들이 있다. 우리 인간에게는 영원히 풀지 못할 '이카루스의 열등의식'이 있다. 우리는 아무리 원해도 날개를 갖지 못한다. 날개를 만들어주는 유전자가 우리 유전체 안에는 존재하지 않기 때문이다. 이른바 유전적 제약(genetic constraint)의 결과이다. 생물의 기관들 중 가장 탁월한 기관으로 흔히 척추동물의 눈을 든다. 그런데 정말 척추동물의 눈은 완벽한 구조를 지니고 있는가? 오징어의 눈과 우리 인간의 눈을 위아래로 잘라 단면을 비교해보면 놀라울 정도로 흡사하다. 서로 전혀 다른 진화의 역사를 거쳤음에도 불구하고 신기할 정도로 비슷한 구조와 기능을 갖게 된 이른바 '수렴진화(convergent evolution)'의 좋은 예이다. 그런데 오징어의 눈과 우리 눈을 좀 더 자세히 들여다보면 금세 한 가지 뚜렷하게 다른 점을 발견할 수 있다. 하나는 시신경과 실핏줄이 망막의 뒷면에 붙어 있는 데 비해 다른 하나는 망막에 구멍을 뚫고 시신경과 실핏줄을 동공 안으로 끌어들여 망막의 내벽에 붙여 놓았다. 도대체 왜 멀쩡한 스크린에 구멍을 뚫고 깨끗한 상이 맺혀야 하는 스크린의 앞면에 그것들을 덕지덕지 붙여 놓은 것일까? 과연 오징어와 인간 중 누가 그런 어리석은 구조를 가진 눈의 소유자일까? 답은 뜻밖에도 우리 인간이 그런 비합리적인 눈을 가졌다는 것이다. 인간은 누구나 시각적 맹점(Blind Spot)을 갖고 있다. 시신경 다발을 눈 속으로 끌어들이기 위해 뚫어 놓은 구멍에 간상세포와 원추세포들이 존재할 수 없기 때문이다. 망막 위에 분포하는 혈관들도 그들의 그림자 때문에 여러 작은 맹점들을 만든다. 그래서 할 수 없이 '리콜(recall)'을 하여 문제 해결을 위해 노력한 결과 우리 눈은 순간순간 조금씩 다른 각도를 보려고 끊임없이 가볍게 흔들리고 있다. 이런 여러 설계 상의 문제점을 고려해볼 때 오징어의 눈이 인간의 눈보다 훨씬 더 합리적으로 설계되어 있는 셈이다.

왜 인간의 눈은 이렇게도 불합리하게 만들어졌는가? 자연선택은 왜 좀 더 완벽한 설계를 만들어내지 못했는가? 문제는 바로 인류가 거쳐온 진화의 역사에 있다. 척추동물의 눈은 작은 조상동물들의 투명한 피부 밑에 있었던 빛에 민감한 세포들로부터 발달했다. 당연히 이 세포들에 혈관과 신경들이 연결되어 있었고, 그 상태에서는 다분히 합리적인 설계였을 것이다. 조상으로부터 물려받은 설계가 마음에 들지 않는다고 해서 하루아침에 바꿀 수 있는 게 아니다. 진화에는 이처럼 역사적 제약(historical constraint) 또는 계통적 제약(phylogenetic constraint)이 있다. 어처구니없는 역사적 제약 때문에 애꿎게 해마다 수많은 사람들이 음식물이 기도에 막혀 목숨을 잃는다.

그런데 도대체 왜 음식물이 가끔 기도를 막는 일이 발생하는 것일까? 우리 몸의 배관에 문제가 있다. 코로 들이마신 공기와 입으로 들어온 음식물이 목 부위에서 무슨 까닭인지 애써 교차하며 서로 자기 관을 찾느라 애쓰는 과정에서 벌어지는 이를 테면 교통사고들이다. 이 어처구니 없는 구조적 결함 역시 다 조상 탓이다. 그 옛날 우리가 물고기였을 시절에는 물속에서 아가미로 호흡을 했다. 우리는 이때 엇갈린 두 관의 위치를 바꾸지 못한 채 대대로 물려받아 오늘에 이른 것이다. 경제적인 문제를 고려할 필요가 없다면 무슨 재료라도 가져다 가장 합리적이고 효율적인 기계를 만들 수 있는 공학자와는 달리 자연선택은 이처럼 조상으로부터 물려받은 것들을 가지고 그저 최선을 다할 뿐이다.

- 최재천, 『다윈 지능』(사이언스북스, 2012:5)

활동

5. 다음 글의 내용을 300자 이내로 요약해 보자.

공정하다고 여겨지는 모형들에도 대개 개발자의 목표와 이념이 반영된다. 어떤 데이터를 수집할지부터 무엇을 질문할지까지, 우리 자신의 가치관과 바람은 우리의 선택에 영향을 미친다. 요컨대 모형들은 수학에 깊이 뿌리내린 지극히 개인적인 의견이라고 할 수 있다. 우리는 개인이든 기업이든 누가 모형을 만들었는지, 그리고 개발자가 모형을 통해 성취하려는 목표가 무엇인지 알아야 한다.

미국시민자유연맹(American Civil Liberties Union, ACLU)은 흑인들에게 선고된 형량이 비슷한 범죄를 저지른 백인 범죄자들보다 20% 정도 더 길다고 주장했다. 이런 점에서 볼 때 미국 전체 인구에서 흑인의 비율이 겨우 13%에 불과하지만 전체 교도소 수감자 중 40%가 흑인이라는 사실은 시사하는 바가 크다. 그래서 컴퓨터 프로그램에 데이터를 입력해 위험을 예측하는 모형이 개발되자, 인간의 편견이 양형에 미치는 영향력을 줄여 범죄자들을 더욱 공정하게 대하는 데 도움이 될 것이라는 기대가 생겨났다. 실제로 미국 24개 주의 법원이 이런 희망을 가지고 이른바 재범위험성모형(recidivism models)을 도입했다.

그런데 여기서 따져보아야 할 중요한 문제가 있다. 재범위험성모형의 양형 결과에서 인간의 편견이 완벽히 제거됐을까? 재범위험성모형은 복잡하고 수학적이다. 그러나 이런 모형에는 많은 가정이 내재되어 있고, 그중에서 편견에 사로잡힌 가정도 일부 포함돼 있는 게 사실이다. 가장 인기 있는 재범위험성모형의 하나인 LSI-R(Level of service Inventory-Revised)에는 재소자들이 답해야 하는 다양한 문항들이 포함돼있다. “유죄 확정 판결을 받은 게 몇 번입니까?”라는 질문도 그중 하나다. 이 외에도 “공범은 어떤 역할을 했습니까?” “약물과 알코올은 어떤 영향을 미쳤습니까?”같은 질문도 있다. 이 외에도 범죄자의 삶을 깊이 파헤치는 질문들이 계속되는데, 질문을 살펴보면, 특권층 출신의 범죄자와 도심 빈민가에서 자란 범죄자의 대답이 다르리라는 것을 쉽게 짐작할 수 있다. 교외 지역의 안정된 환경에서 성장한 범죄자에게 “처음으로 경찰에 붙잡혔던 때 몇 살이었습니까?”라고 물으면, 이번이 생애 첫 경험이라고 대답할지도 모른다. 반면 흑인 청년들은 아무런 잘못을 저지르지 않았는데도 경찰에 수십 차례 불심검문 당했을 가능성이 크다. LSI-R의 질문은 여기서 끝나지 않는다. 범죄자들은 친구와 친척에게 전과가 있느냐는 질문에도 답해야 한다. 1995년에 도입된 이래 수천 명의 범죄자가 LSI-R질문지를 작성했다. 통계 전문가들은 이를 토대로 재범 위험성을 측정하는 시스템을 고안했다. 로드 아일랜드 같은 일부 주는 수감자들을 대상으로 한 재범 방지 프로그램에서 재범 위험성 점수가 높은 범죄자들에게만 이런 위험성 측정 도구들을 적용한다. 하지만 아이다호와 콜로라도 같은 다른 주들에선 판사들이 양형을 결정할 때 이를 적극적으로 참고하고 있다. LSI-R의 데이터의 어느 항목에 정확히 얼마만큼의 가중치가 부여되는지 일반인들은 전혀 모른다. 많은 사람이 LSI-R같은 통계 시스템이 재범 위험성을 평가하는 효율적인 도구라고, 아니 적어도 판사가 임의적으로 추측하는 것보다는 공정한 도구라고 주장하는 것도 무리가 아니다. 그러나 단순히 생각해서 공정성이라는 중요한 사안을 제쳐두더라도, 심히 우려되는 문제가 또 있다.

LSI-R같은 재범위험성모형은 치명적인 피드백 루프를 확대재생산한다. '고위험군'으로 분류된 사람은 일정한 직업이 없을 뿐만 아니라 법적으로 문제가 있는 가족과 친구가 많은 환경에서 성장했을 가능성이 높다. 게다가 이들은 재범 위험성 평가에서 받은 높은 점수가 더해져, 더욱 무거운 형을 선고받고 범죄자들에게 둘러싸인 감옥에서 사회와 격리된 채 수년을 보내게 된다. 그리고 오랜 수감 생활은 그가 다시 감옥으로 돌아갈 가능성을, 즉 재범 위험성을 확실히 증가시킨다. 이런 상황에 몰려 그가 또 다시 범죄를 저지른다면 재범위험성모형은 의문의 1승을 추가하는 셈이다. 그런데 실상은 더욱 잔인하다. 재범위험성모형 자체가 그런 악순환이 발생하는 하나의 원인이며, 그런 악순환이 지속되는 데 일조한다. 이것이 바로 대량살상 수학무기(WMD)의 대표적인 특징이다.

- 캐시 오닐, 『대량살상 수학무기』(김정혜 옮김, 흐름, 2016:45~54)

활동

6. 다음 글의 내용을 500자 이내로 요약해 보자.

내가 범지구적인 대기오염 문제에 관여하게 된 것과 이전에 대기권 분석을 통한 생명체 탐사의 연구에 몸담아왔다는 것 사이에는 물론 어느 정도 관련이 있다. 그것은 바로 대기권이 생물권의 연장이라는 사고이다. 내 생각으로는, 대기오염의 귀결을 이해하려는 연구에 있어서 만약 우리가 생물권의 반응 또는 그의 적응성을 간과한다면 그 어떤 노력도 미진할 것이며, 아마도 불완전한 연구로 끝나게 될 것이다. 인간에게 투여된 유독 물질의 독성은 그것을 분해시키거나 배출시키는 인간의 능력에 따라 크게 다르게 된다. 마찬가지로 생물학적으로 통제 가능한 대기권에 화석 연료의 연소 부산물을 투여할 때, 그 결과는 생물권의 영향력에 따라 크게 달라질 수 있다. 예를 들어, 이산화탄소의 축적에 의한 대기권의 교란은 적응적 변화(adaptive change)가 있음으로 해서 크게 감소할 수 있다. 또는 그런 교란이 결국에는 기후 변동과 같은 어떤 보상적 변화(compensatory change)를 유발시켜 생물종으로서의 인간에게는 유해하지만 생물권 전체로 본다면 유익한 결과를 나타낼지도 모른다.

셸 연구소의 새로운 연구 환경에서 일을 하게 되면서 나는 화성의 문제를 잠시 잊어버리고 지구의 문제, 즉 대기권의 속성에 대하여 정신을 집중시킬 수 있게 되었는데, 이처럼 한 가지 주제에 대하여 깊이 연구할 수 있었던 결과 하나의 가설을 점진적으로 확립시킬 수 있었다. 즉 바이러스부터 고래에 이르기까지, 참나무로부터 조류(algae)에 이르기까지 지구의 모든 생물은 하나의 살아 있는 실체를 구성한다고 할 수 있으며, 이 실체는 자신이 전반적인 필요에 적합하도록 지구 대기권을 조작할 수 있고, 또 그 실체의 구성원들 각자가 갖는 능력의 합보다 훨씬 거대한 힘을 발휘한다는 가설이 바로 그것이었다. (중략)

지구 대기권의 화학적 조성은 정상 상태의 화학평형에서 기대되는 값들과는 아무런 관련도 없다. 현재의 산화성 대기 중에 존재하는 메탄가스와 아산화질소, 심지어 질소까지도 1010배 이상 화학평형 법칙을 거역하고 있다. 이런 엄청난 규모의 비평형 상태는 무엇을 의미하는 것일까? 그것은 대기권이 단순히 생물체들의 만들어낸 산물일 뿐만 아니라, 필경 생물학적 구조에 더욱 밀접하다는 점을 시사하고 있다. 마치 고양이의 털가죽, 새의 깃털, 벌집의 얇은 벽들과 같이 대기권도 생물계의 연장으로 주어진 환경을 유지시키도록 고안된 것이라고 생각할 수 있지 않을까? 따라서 산소나 암모니아와 같은 공기 중의 기체들은 언제나 적당한 수준으로 유지되고 만약 이런 수준에서 약간만 벗어나더라도 생물들에게 치명적인 결과를 낳게 된다.

지구의 기후와 화학적 속성은 현재에도, 그리고 과거의 전 역사를 통하여 언제나 생물들의 생존에 적합하도록 되어 있었다. 그런데 이런 일이 우연히 나타났다고 생각하는 것은 마치 러시아워에 눈을 가리고 차를 운전하면서 아무런 사고도 없기를 바라는 것과 마찬가지로 불가능하다.

여기까지 생각이 미치자 나는 그때까지는 비록 가설에 불과했지만 지구적 규모의 한 실체, 즉 그것을 이룩하는 모든 구성원들의 단순한 합으로부터는 도저히 상상할 수 없는 특별한 속성을 가진 그 어떤 실체를 처음으로 떠올리게 되었다. 그리고 이제 그 실체에 주어질 명칭이 필요했다. 다행스럽게도 작가 윌

리엄 골딩이 당시 나와 같은 동네에 살고 있었는데, 그는 망설이지 않고 한 이름을 추천해 주었다. 그가 제안한 '가이아(Gaia)'는 그리스 신화에 등장하는 대지의 여신을 지칭하는 이름인데, 이 여신은 게(Ge)라고도 불려서 지리학(geography)이나 지질학(geology)과 같은 학문의 명칭에서 그 자취를 찾아볼 수 있다. (중략)

우리는 가이아를 지구의 생물권(biosphere), 대기권(atmosphere), 대양(ocean), 그리고 토양(soil)까지를 포함하는 하나의 복합적인 실체(complex entity)로 정의하기 시작했다. 가이아는 이 지구상의 모든 생물을 위하여 스스로 적당한 물리, 화학적 환경을 조성할 수 있도록 피드백 장치나 사이버네틱 시스템을 구성하고 있는 거대한 총합체라고 할 수 있다. 능동적 조절에 의한 비교적 균일한 상태의 유지라는 것은 '항상성(homeostasis)'이란 단어로 표현할 수 있다.

–제임스 러브록, 『가이아: 살아 있는 생명체로서의 지구』
(홍욱희 옮김, 갈라파고스, 2004:48~52)

04 글쓰기의 과정

04 글쓰기의 과정

01 주제 선정과 주제문 작성

주제란?

주제(主題; theme)란 한 편의 글이 다루고 있는 핵심적인 내용 또는 중심 생각을 뜻한다. 글의 중심 소재를 가리키는 제재(題材)와는 구별되며, 형식상 글의 표제(標題, 表題)가 되는 제목(title)과도 구별된다. 예를 들어 인터넷 문화를 소재로 한 글의 제목이 「가상세계의 아이들」이라면, 이때 주제는 '인터넷 문화가 청소년의 정체성과 감수성 형성에 미치는 영향'이 될 수 있다.

주제는 화제(話題; topic)와도 다르다. 이야깃거리라는 뜻의 화제가 중립적인 성격을 띠는 데 비해, 주제는 갈등적이고 논쟁적인 요소를 지니고 있다. 하나의 화제는 필자의 문제의식에 따라 서로 다른 주제들로 변형될 수 있다.

> **예) 화제: 안락사**
>
> → 주제: 안락사와 존엄사의 경계, 안락사 허용의 문제점, 안락사는 살인인가? 등등

주제 선정

주제 선정은 '무엇에 대하여 쓸 것인가'를 결정하는 일로, 글을 쓸 때 맨 먼저 해야 할 일이다. 자신이 잘 다룰 수 있고 독자가 관심을 가질 만한 주제를 선정하도록 한다. 익숙하고 식상한 화제라도 새로운 시각으로 조명하면 흥미롭고 참신한 주제로 변형할 수 있다.

적절한 주제를 선정하기 위해서는 화제에서 논점을 발견하고 이에 대해 자신의 관점을 갖는 과정이 필요하다. 막연하고 넓은 주제인 '가주제'를 선정한 뒤, 이를 좁히고 구체화하여 '참주제'로 변형하는 과정을 거치기도 한다. '현대 사회와 미디어'라는 화제에서 '디지털 사회의 문제점'이라는 가주제를 잡았다면, 실제로 글을 쓰기 위해서는 '인터넷과 SNS에 나타난 감시 사회의 문제점' 등과 같이 좀 더 분명하고 구체적인 참주제를 찾아내야 하는 것이다.

막연하고 광범위한 주제(가주제 상태에 머물러 있는 주제)를 가지고 글을 쓰게 되면 날카로운 문제의식을 담거나 깊이 있는 논의를 전개하기 어렵다. 주제의 범위가 지나치게 넓으면 정해진 분량의 글 한 편에서 다루기에 무리가 있고 글의 통일성이 약화될 우려도 있다. 주제를 선정할 때에는 이 점을 고려하여 자신이 선정한 주제가 느슨하거나 포괄적이지 않은지 평가하고 수정할 필요가 있다.

예) 화제: 감정

→ 처음 선정한 주제: 감정의 사회적 측면

→ 수정한 주제: 우울증의 사회적 요인

※ 수정한 이유: 글 한 편에서 다루기에 방대한 주제여서 적절한 분량으로 소화할 수 있도록 범위를 좁혔다.

주제문 작성

주제를 선정한 뒤에는 이를 더욱 구체화하여 주제문을 작성한다. 주제문은 필자의 의도와 생각을 집약한 하나의 완성된 문장을 뜻한다. 주제문은 필자에게 글의 초점을 제공하고 글을 쓰는 동안 필자를 인도하는 지표가 된다. 적절한 주제문을 바탕으로 하여 작성된 글은 통일성과 응집력을 지니고 있어 독자에게도 더 잘 읽히고 선명하게 이해된다.

주제문에는 필자의 의견이나 관점이 분명히 드러나 있어야 하며, 정확하고 구체적인 표현을 사용해야 한다. 주제문은 또한 타당한 근거에 의해 논리적으로 뒷받침될 수 있어야 한다. 주제문을 작성한 뒤에는 작성한 주제문이 이와 같은 조건들을 충족하는지 따져 보고, 필요한 경우 더 적절한 주제문으로 수정하도록 한다.

예) 주제: 우울증의 사회적 요인

→처음 작성한 주제문: 최근 우리 사회에 우울증이 확산되는 현상에는 사회적 분위기가 중요한 원인으로 작용하고 있다.

→수정한 주제문: 최근 우리 사회에 우울증이 확산되는 현상에는 무한 경쟁을 강요하고 낙오의 책임을 개인에게 돌리는 사회적 분위기가 중요한 원인으로 작용하고 있다.

※ 수정한 이유: 주제문의 표현이 다소 막연하고 필자의 의견이 분명히 드러나지 않아 더 구체적인 내용을 보충했다.

활동

1. 아래에 제시된 두 개의 예문을 읽고 주제 선정과 주제문 작성을 위한 활동을 해 보자.

A

神(정신)이라는 한자어에 담긴 의미를 봐도 그렇다. 그래서 마음의 병은 신체적 병과 달리 종교적 차원에서 이해하려는 경향이 강했다. 이러한 관습 때문에 병원에서 치료해야 할 병을 종교의 힘을 빌려 해결하려다가 병을 더 키우는 일이 심심치 않게 발생하기도 했다. 그러나 나는 인간의 마음이 더는 종교적 성역이 아니라고 말하고 싶다.

현대 과학은 이미 인간의 마음이 어떠한 과정으로 생성되고 진행하는지를 밝히는 작업에 깊숙이 관여하고 있다. (중략) 통합적 과정인 마음은 뇌의 성분을 포함한 신체 물질로부터 생겨나고, 반대로 마음의 과정이 신체 물질의 형성을 좌우하기도 한다. 마음의 병과 신체의 병을 별개로 볼 수 없는 이유가 여기에 있다.

나는 마음의 어떠한 요소든 우리의 뇌에는 그것을 담당하는 영역이 있고, 바로 이 영역에서 마음 형성을 위한 물질이 구성되는 생체 물리적 과정이 일어난다고 믿고 있다. 비록 현 단계에서 내가 몰두하고 있는 뇌 기능 매핑이 인간의 마음을 과학으로 설명하는 데 궁극적인 해답을 주고 있지는 못하지만, 마음의 요소를 알기 위해 뇌의 어느 영역을 더 탐사해야 할지에 대해서는 정확히 알려주고 있다. 즉, 마음을 과학으로 해결하는 데 커다란 나침반 역할은 분명하게 할 수 있다는 것이다.

- 김재진, 『뇌를 경청하라』(21세기북스, 2010:10~11)

B

가장 기본적인 수준에서 진화심리학은 인간 본성에 대한 연구다. 인간 본성은 진화심리학자들이 '진화한 심리 기제' 또는 '심리적 적응'(이 둘은 대략 뜻이 비슷하다)이라고 부르는 것으로 이루어진다. 진화한 심리 기제는 생존 및 번식상의 적응 문제들에 해결책을 제공한다. 진화는 오랜 과정에 걸친 자연선택과 성선택을 통해, 문제를 해결할 수 있는 사람들은 더 오래 살고 더 성공적으로 번식할 수 있도록 하고 그렇지 못한 사람들은 제거함으로써, 중요한 문제를 해결하는 능력을 인간에게 갖춰주었다. 뇌 속에 이런 타고난 해결책들을 가지고 있는 사람들은 그렇지 않은 사람들보다 확실히 유리해서 더 오래 살고 아이들을 더 많이 낳아 더 많이 살아남게 했다. 그리고 그 아이들은 이런 문제들을 해결하는 부모의 유전적 성향을 물려받았고, 그래서 결국 더 오래 살고 더 많은 아이들을 가졌다. (중략)

지적 기원을 따져보자면, 진화심리학은 진화생물학을 인간의 인지와 행동에 적용한 것이다. 다윈 이후 줄곧 진화생물학자들과 동물학자들은 진화생물학의 원칙이 인간을 제외한 자연의 모든 종에 적용된다고 알았다. 1992년 용감한 에드워드 윌슨(Edward Wilson)을 따르는 한 무리의 심리학자와 인류학자들이 그야말로 "왜?"라고 의문을 제기했다. 왜 인간은 자연의 법칙에서 예외인가? 왜 진화생물학의 원칙들이 인간에게는 적용되지 않는가? 그렇게 해서 겨우 20년 전에 진화심리학이 태어났다. 진화심리학은 아주 새로운 과학이지만 아주 짧은 역사 동안 엄청나게 진전했다.

- 가나자와 사토시, 『지능의 사생활』(김영선 옮김, 웅진지식하우스, 2012:21~23)

1)'과학과 인간'에 대한 글을 쓰려고 한다. 위의 예문들을 참고하여 자신의 관심 분야에 부합하는 주제를 선정해 보자.

주제 : ______________________________

예)인간 정신에 대한 과학적 이해의 가능성
마음과 뇌의 긴밀한 관계
진화심리학의 의의와 한계
인간 종의 고유성은 무엇인가? 등

2) 자신이 선정한 주제가 적절한지 아래의 질문들을 통해 평가해 보고, 필요하다면 주제를 수정해 보자.

ㄱ. 독자에게 흥미와 관심을 불러일으킬 수 있는 주제인가?(　　　)
ㄴ. 새로운 관점이나 참신한 생각을 담을 수 있는 주제인가?(　　　)
ㄷ. 필자가 잘 다룰 수 있는 주제인가? (　　　)
ㄹ. 적절한 분량으로 소화할 수 있는 주제인가? (　　　)
ㅁ. 글의 통일성을 유지할 수 있는 단일한 주제인가? (　　　)

■ 처음 선정한 주제 : ______________________________

____

▶ 수정한 주제 : ____________________

____

■ 수정한 이유 : ____________________

____

3) 주제문의 요건을 고려하면서, 2)에서 선정한 주제를 주제문으로 변형해 보자.

주제 : ____________________

주제문 : ____________________

____

4) 자신이 작성한 주제문이 적절한지 아래의 질문을 통해 점검해 보고, 필요하다면 주제문을 수정해 보자.

ㄱ. 주제문은 하나의 완전한 문장으로 이루어져 있는가?(　　　)
ㄴ. 주제문에는 필자의 의견이나 관점이 명확하게 드러나 있는가?(　　　)
ㄷ. 주제문의 표현은 정확하고 구체적인가? (　　　)
ㄹ. 주제문의 내용은 타당한 근거에 의해 뒷받침될 수 있는가?(　　　)

■ 처음 작성한 주제문 : ____________________

____

▶ 수정한 주제문 : ____________________

____

■ 수정한 이유 : ____________________

____

2. [팀 활동 1] 아래의 과정을 통해 글의 주제를 선정하고 자료를 수집하는 팀 활동을 해 보자.

1) 자연과학, 생태환경, 생명공학, 컴퓨터와 정보통신 등 자신이 관심을 갖고 있는 분야를 선택하여, 관심 분야가 같은 학생들끼리 팀을 구성해 보자.

2) 팀 토의를 통해, 자기 팀의 관심 분야 안에서 글의 주제를 선정해 보자.

3) 자기 팀이 선정한 주제에 관한 주제문을 작성해 보자.

4) 작성한 주제문이 적절한지 다른 팀의 의견을 들어 보고, 더 좋은 주제문으로 수정해 보자.

02 자료 수집과 개요 작성

자료 수집하기

자료 수집은 주제를 효과적으로 독자에게 전달하기 위해 다양하고 풍부한 제재를 모으는 과정에 해당된다. 자료는 주제와 밀접하게 연결되어야 하며 주제문을 설득력 있게 뒷받침할 수 있어야 한다. 출처가 명확하고 신뢰도가 높은 자료를 활용할수록 글의 설득력과 타당성도 높아진다.

좋은 자료를 수집하려면 도서관의 검색 시스템을 활용하여 단행본과 학술논문 등의 전문 자료를 찾을 수 있어야 한다. 성곡도서관 홈페이지 메인화면에서 '통합검색' 메뉴의 검색창에 키워드를 입력하면 소장 자료가 모두 검색된다. 단행본의 경우, 찾고자 하는 자료를 클릭한 뒤 '도서상세정보'로 들어가면 해당 도서의 목차 등을 화면으로 확인할 수 있다. '소장자료' 메뉴에서는 도서관에 소장된 자료가, '학술논문' 메뉴에서는 학술지에 수록된 학술논문이 따로 검색된다.

성곡도서관 홈페이지에 로그인한 뒤 '학술논문'에서 검색된 'Full Text'를 클릭하면 해당 논문의 원문 전체를 화면으로 볼 수 있고, 무료로 다운로드 받을 수 있다. 목차와 초록 등을 통해 자료의 내용을 미리 간략하게 살펴보고 필요한 자료를 선별하여 내려 받을 수도 있다. 성곡도서관 홈페이지 하단에 있는 'SCIENCE ON', '국립중앙도서관', '국회도서관', 'RISS FRIC(외국학술지지원센터)', 'RISS(학술연구정보서비스)' 등을 클릭하면, 해당 사이트로 바로 이동하여 더 풍부한 자료를 검색할 수 있다.

개요의 개념과 효용

개요는 글의 골격이자 설계도라 할 수 있다. 개요 작성은 수집한 자료(제재)들을 어떻게 배열할지 정하여 글을 전체적으로 구성하는 단계에 해당된다. 1차 개요를 작성한 뒤에도 보충 자료를 수집하면서 개요를 거듭 수정할 수 있으나, 최종적으로 개요가 잘 작성되어 있어야 짜임새 있고 안정된 글을 쓸 수 있다. 개요를 잘 짜놓으면 보고서나 소논문의 목차를 구조화하는 데도 큰 도움이 된다.

개요의 종류와 형식

개요는 화제 개요와 문장 개요로 나뉜다. 화제 개요는 글을 이루는 각 부분의 핵심 내용을 단어나 어구의 형태로 정리하는 방식이다. 문장 개요는 이를 완성된 문장의 형태(소주제문 형태)로 정리하여 구체화하는 방식으로, 실제 글을 쓸 때 더 직접적인 도움이 된다.

예시 1

■ 화제 개요

제목 : 우울증은 다만 개인의 문제일까?

주제 : 우울증의 사회학적 측면

1. 우울증으로 인한 자살의 증가
2. 우울증의 사회적 원인에 대한 무관심
3. 무한 경쟁을 강요하는 우리 사회의 분위기
4. 우울증 확산의 근본 원인에 대한 성찰의 필요성

■ 문장 개요

제목 : 우울증은 다만 개인의 문제일까?

주제문 : 최근 우리 사회에 우울증이 확산되는 현상에는 무한 경쟁을 강요하고 낙오의 책임을 개인에게 돌리는 사회적 분위기가 중요한 원인으로 작용하고 있다.

1. 우울증으로 인한 자살 사건이 연일 보도되고 있다.
2. 우울증에 대한 관심은 높아지고 있지만 그 사회적 원인에 대해서는 무관심한 경향이 있다.
3. 최근 우리 사회는 무한 경쟁을 강요하고 낙오의 책임을 개인에게 돌리는 사회적 분위기가 만연해 있다.
4. 이 같은 사회적 분위기가 우울증 확산의 근본 원인은 아닌지 깊이 반성해 볼 필요가 있다.

개요 작성하기

개요를 작성하려면 수집한 자료들을 분류하고 내용을 구조화하는 능력이 필요하다. '영화 〈매트릭스〉의 기독교 신화적 성격'이라는 제목으로 글을 쓴다고 가정해 보자. 주제문은 일단 '〈매트릭스〉는 종교 영화는 아니지만 기독교 신화적 성격이 강한 영화이다'로 정했다. 이 주제문을 뒷받침하기 위해 수집하여 메모한 자료들은 다음과 같다.

① 여주인공의 이름 트리니티는 삼위일체를 뜻한다.

② 기계들에 대항하는 인간의 도시 시온은 구약성경에 나오는 예루살렘의 지명이다.

③ 영화의 주인공 네오는 대속 희생을 하고 부활하여 기적을 베푸는 자(예수)로 묘사돼 있다.

④ 함선 느부갓네살호는 구약성경에 등장하는 바벨론 왕의 이름에서 따왔다.

⑤ 네오와 트리니티의 관계는 종종 예수와 막달라 마리아의 관계에 비유되곤 한다.

⑥ 네오를 매트릭스 바깥으로 이끄는 인물 모피어스는 성경의 사도 요한과 흡사하다.

⑦ 기독교 신화란 종교나 신앙의 층위와는 구별되는 이야기 구조의 차원을 지칭하는 용어이다.

⑧ 네오는 매트릭스에 갇힌 세계를 구원할 예언된 메시아를 상징한다.

⑨ 기독교 신화에 바탕을 둔 이야기들은 익숙한 이야기 구조와 근원적인 상징성 때문에 대중적 호소력을 지닌다.

⑩ <매트릭스> 최종편(<매트릭스 레볼루션>)의 결말에 대해서는 의견이 분분하지만, 네오가 매트릭스에서 인간을 구원한다는 해석이 가장 일반적이다.

이 내용들을 유사한 것끼리 묶어서 몇 가지로 분류해 보자. 우선 ①, ②, ④는 성경에서 유래한 인명, 지명, 함선의 이름 등 고유명사에 대한 것들이다. 이를 묶어서 (ㄱ)이라고 하면, (ㄱ)은 '고유명사의 기독교적 성격'으로 일반화할 수 있다. ③, ⑤, ⑥은 네오, 트리니티, 모피어스의 관계가 예수, 막달라 마리아, 사도 요한의 관계를 상징한다는 내용이다. 이를 (ㄴ)이라 하면, (ㄴ)은 '네오를 중심에 둔 인물 구도의 상징성'이라 명명할 수 있다. ⑦은 기독교 신화의 개념을, ⑨는 기독교 신화의 대중적 호소력을 설명하는 내용으로 '(ㄷ) 기독교 신화의 일반적 성격'으로 묶을 수도 있는데, (ㄷ)은 영화 속 구체적 특징들을 서술한 (ㄱ), (ㄴ) 등과는 성격이 다르다. ⑧과

⑩은 인류를 구원할 예언된 메시아로서의 네오의 역할을 말해주는 내용이다. 이를 '(ㄹ) 예언된 메시아와 구원의 가능성'이라고 하자.

이 분류를 바탕으로 하여 자료를 배치하고 글의 내용을 구조화할 수 있다. 우선 서론은 영화의 구체적 분석보다 기독교 신화의 일반적 성격인 (ㄷ)의 내용으로 시작하는 것이 자연스러운데, 이 가운데 '⑦ 기독교 신화의 개념'을 서론에 배치해 보자. (ㄱ), (ㄴ), (ㄹ)을 각각 본론의 세 부분으로 삼고, 결론에는 (ㄷ) 가운데에서 '⑨ 기독교 신화의 대중적 호소력'을 배치한다. 이렇게 한 뒤 제목과 주제문을 다듬고 내용의 흐름을 고려하여 항목들을 수정하면 화제 개요가 완성된다. 완성된 개요는 다음과 같다.

예시 2

제목 : 영화 <매트릭스>의 기독교 신화적 성격과 그 의미

주제문 : <매트릭스>는 고유명사와 인물 구도, 메시아 사상 등에서 기독교 신화적 성격을 강하게 띠는 영화로, 기독교 신화가 지닌 대중적 호소력과 '구원자'에 대한 대중의 폭넓은 요구를 반영한다.

1. 서론 : 기독교 신화의 개념
2. 본론 : <매트릭스>의 기독교 신화적 성격
   1) 고유명사의 기독교적 성격
   2) 네오를 중심에 둔 인물구도의 상징성
   3) 예언된 메시아와 구원의 가능성
3. 결론 : 기독교 신화의 대중적 호소력과 사회문화적 의미

보고서나 소논문 형태의 분량이 긴 학술적 글을 쓸 때에는 위와 같이 상위 목차와 하위 목차로 이루어진 좀 더 체계적인 틀을 작성하는 것이 좋다. 화제 개요 안에 각각의 하위 내용을 구체적으로 메모하는 방식도 효과적이다. 하위 내용을 완성된 문장 형태로 메모하여, 화제 개요와 문장 개요를 결합한 방식의 상세한 개요를 작성할 수도 있다.

예시 3

제목 : 영화 <매트릭스>의 기독교 신화적 성격과 그 의미

주제문 : <매트릭스>는 고유명사와 인물 구도, 메시아 사상 등에서 기독교 신화적 성격을 강하게 띠는 영화로, 기독교 신화가 지닌 대중적 호소력과 '구원자'에 대한 대중의 폭넓은 요구를 반영한다.

1. 기독교 신화의 개념
   - 기독교 신화란 종교나 신앙의 층위와는 구별되는 이야기 구조의 차원을 지칭하는 용어이다.

2. <매트릭스>의 기독교 신화적 성격
   1) 고유명사의 기독교적 성격
      - 여주인공의 이름 트리니티는 삼위일체를 뜻한다.
      - 기계들에 대항하는 인간의 도시 시온은 구약성경에 나오는 예루살렘의 지명이다.
      - 함선 느부갓네살호는 구약성경에 등장하는 바벨론 왕의 이름에서 따왔다.
   2) 네오를 중심에 둔 인물구도의 상징성
      - 영화의 주인공 네오는 대속 희생을 하고 부활하여 기적을 베푸는 자(예수)로 묘사돼 있다.
      - 네오와 트리니티의 관계는 종종 예수와 막달라 마리아의 관계에 비유되곤 한다
      - 네오를 매트릭스 바깥으로 이끄는 인물 모피어스는 성경의 사도 요한과 흡사하다.
   3) 예언된 메시아와 구원의 가능성
      - 네오는 매트릭스에 갇힌 세계를 구원할 예언된 메시아를 상징한다.
      - <매트릭스> 최종편(<매트릭스 레볼루션>)의 결말은 네오가 매트릭스에서 인간을 구원하는 내용으로 해석될 수 있다.
      - 이렇게 볼 때, 예언된 메시아에 의한 인류의 구원 가능성이라는 영화 전편의 스토리는 기독교 신화와 밀접하게 관련된다.

3. 기독교 신화의 대중적 호소력과 사회문화적 의미
   - 기독교 신화에 바탕을 둔 이야기들은 익숙한 이야기 구조와 근원적인 상징성 때문에 대중적 호소력을 지닌다.
   - <매트릭스>는 고유명사와 인물 구도, 메시아 사상 등에서 기독교 신화적 성격을 강하게 띠는 영화로, 기독교 신화가 지닌 대중적 호소력과 '구원자'에 대한 대중의 폭넓은 요구를 반영한다.

활동

1. 아래에 제시된 글을 읽고, 자료 수집과 개요 작성을 위한 활동을 해 보자.

생명공학이 세계 경제를 다시 형성하고 우리 사회를 개조해 나가는 동안, 지구 환경에도 매우 중대한 영향을 미칠 것이다. 과학자, 기업, 정부 기관들은 유전자 시대(Genetic Age)의 신기술을 이용하여 가장 근본적인 단계에서 자연 세계를 조작할 수 있다. 이러한 점에서 발전하고 있는 생명공학 기술은 지구의 생물 종과 생태계에 대하여 역사상 가장 근본적인 실험을 할 수 있는 새로운 강력한 수단이라고 해도 과언이 아닐 것이다. (중략)

다른 어떤 분야보다도 생명공학을 이용한 농업 분야에서 더 빨리 위험 경보가 울리고 있다. 화학 및 농업 관련 기업들은 대대적인 새로운 유전자 혁명이 전개될 것으로 기대하면서 농업 분야에 새로운 차세대 유전자 이식 농작물을 도입하고 있다. 이 유전자 이식 농작물은 다른 식물, 바이러스, 박테리아, 그리고 동물들로부터 얻은 새로운 유전 형질을 갖도록 조작되어 있다. 과학 실험실에서 나온 많은 새로운 유전자 접합 농작물들은 공상과학 소설에 나오는 농작물과 유사한 것 같다. 과학자들은 토마토를 냉해로부터 보호하기 위하여 넙치류에서 추출한 '부동(不凍)' 단백질 유전자를 토마토의 유전 암호 속에 삽입하였다. 감자의 질병에 대한 저항력을 높이기 위해 병아리 유전자를 감자 속에 삽입했다. 반딧불이 유전자를 옥수수 식물의 생물학적 암호 속에 주입하여 유전자 표지형질로 이용하였다. 중국의 설치 동물 유전자를 담배 식물의 게놈 속에 삽입하여 스테롤 생산을 증가시켰다.

생태학자들은 자연적인 종(種)의 경계를 뛰어넘어 전혀 혈연관계가 없는 다른 식물이나 동물의 유전자를 농작물에 삽입하여 효과를 얻으리라고는 믿지 않는다. 사실, 이 같이 '무턱대고 하는' 실험은 역사상 그 전례가 없다. 1만년 이상 동안 이어져온 종래의 품종 개량 기술은, 성적으로 교배 가능한 가까운 혈연의 식물이나 동물들 사이에서 교배에 의한 유전자 이전 방법을 이용한다. 그러므로 종래의 방법에서는 가능한 유전자 조합의 수는 제한되어 있었다. 자연적인 진화 과정도 이와 유사하게 제한되어 있는 것 같다. 그 결과 상품화 추진 세력들의 필요에 적합하도록 생물학적 발생 방식을 근본적으로 다시 규정하는 그 같은 전세계적인 실험이 어떤 결과를 가져올지 보여주는 전례가 거의 또는 전혀 없다. 전래의 식용 농작물에 새로운 유전자를 삽입할 때 예측되지 않았던 통제 불가능한 새로운 형질이 나타나지 않을까? 결국 이 질문에 대한 답은 단순히, '우리는 모른다'는 것이다. (중략)

실험실에서 만든 제2의 창조물을 지구상에 다시 방출함으로써 단기적으로는 시장에서 매우 부러울 정도의 성공을 거두게 될 것이다. 그러나 궁극적으로는 예측 불가능하고 고분고분하지 않은 자연에 의해 실패로 돌아갈 뿐이다. 지구상의 생물을 다시 식민화하기 위해서 우리가 발명한 유전공학 기술이 가공할 능력을 가진 반면, 우리가 실험하고 있는 생물권의 복잡한 작용에 대한 완전한 지식 부족은 우리를 더욱 압박한다. 이제 시작된 '생물 산업'은 새로운 유전공학 기술 수단을 도입하고 세계적인 상업 활동을 개시함으로써, 자연을 '다시 발명하고(reinvent)' 이를 세계적인 규모로 관리할 수 있게 되었다. 그러나 그 새로운 식민 활동에는 한계가 없다. 그 식민 여행을 안내할 수 있는 예측 생태학의 기술이 없고 앞으로도 결코 없을 것이다. 왜냐하면 자연은 살아 있고, 훨씬 복잡하고, 변화무쌍한 존재이므로 과학자들이 꼭 들어맞는 예측 모델을 만들 수 없기 때문이다. 결국 우리는 생명공학의 세기에 우리 자신을 위해 스스로 만든 이 같은 인공적인 신세계에서 길을 잃고 표류하는 우리 자신을 발견하게 될지도 모른다.

– 제레미 리프킨, 『바이오테크 시대』

(전영택·전병기 옮김, 민음사, 1999:131, 154~155, 213)

1) 윗글을 주제문과 문장 개요, 화제 개요의 형식으로 정리해 보자.

주제문 : ______________________________

____

문장 개요 : 1. ______________________________

2. ______________________________

3. ______________________________

4. ______________________________

화제 개요 : 1. ______________________________

2. ______________________________

3. ______________________________

4. ______________________________

2) 윗글을 참고하여 '유전자 조작 식품(GMO)의 문제점'이라는 주제로 글을 쓰려고 한다. 이 글의 주제문을 작성하고 이를 구체화할 수 있는 제재들을 찾아 메모해 보자.

주제문 : ______________________________

____

제재 : ① GMO 표기 문제
② 동물 유전자 조작의 윤리성 문제
③ 유전자 조작 기술의 불안정성 문제
④ 유전자 전이 및 오염 등

3) 성곡도서관 사이트에서 주제와 관련된 전문자료를 검색하여, 필요한 자료를 수집하고 정리해 보자.

① 단행본과 논문 목록

1. ______________________________

____

2. ______________________________

____

3. ______________________________

____

4. ______________________________

____

5. ______________________________

____

6. ______________________________

____

7. ______________________________

____

8. ______________________________

____

9. ______________________________

____

② 수집한 자료 정리

예)
- 『바이오테크 시대』(민음사, 1999)에서 제레미 리프킨은 유전자 조작으로 인해 태어난 수많은 기형 동물들을 언급하며 생명공학 시대에 동물들이 겪는 고통에 대해 윤리적 책임을 가져야 한다고 촉구한다.
- 전헌호는 「유전자 조작 식품(GMO)의 정체와 식량 문제의 본질」(『가톨릭신학과사상』, 2002)에서 흔히 식량난 해결을 위해 유전자 조작 식품을 생산한다고 하지만, 실은 현재 식량이 남아돌아 버려지고 있는 상황이며 그럼에도 기아 문제가 존재하는 것이 우리의 현실임을 지적한다. 따라서 식량문제에 대한 접근은 식량 생산의 절대량을 늘리는 방식이 아니라 전혀 다른 관점에서 이루어져야 한다는 것이다.
- 『유전자 조작 밥상을 치워라』(도솔, 2009)에서 김은진은 유전자 조작 식품은 철저히 기업의 이윤 창출을 위해 생산되는 것임을 강조하며, 정부와 과학자와 기업의 결탁 관계를 비판한다.
- 박민선은 「세계농식품 체계와 식품 안전: 유전자 조작 식품을 중심으로」(『환경사회학연구』, 2008)에서 1989년 일본 쇼와덴코 사가 만든 L-트립토판(유전자 조작 박테리아를 이용해 만든 식품 보조제) 때문에 37명이 사망하고 1,500여명이 회복 불능의 신경 장애를 겪은 사례 등 유전자 조작 식품의 피해들을 구체적으로 언급하고 있다. 그럼에도 지배 담론에서는 유전자 조작에 이용되는 유전자 성분은 자연에 존재하는 친숙한 것들로서 안전성 평가 실험이 필요하지 않다는 입장을 고수하고 있다고 한다.

4) 2)와 3)에서 수집한 자료들을 구조화하여 '유전자 조작 식품(GMO)의 문제점'에 대한 문장 개요를 작성해 보자.

주제문 : ______________________________

____

문장 개요 : 1. ______________________________

____

2. ______________________________

____

3. ______________________________

____

4. ______________________________

____

5. ______________________________

____

2. [팀 활동 2] 아래의 과정을 통해 제재를 수집하고 개요를 작성하는 팀 활동을 해 보자.

1) '팀 활동 1'에서 선정한 주제와 주제문을 뒷받침할 수 있는 다양한 자료를 수집해 보자. (단행본과 학술논문 포함)

2) 수집한 제재를 바탕으로, 팀 토의를 통해 글의 개요를 작성해 보자.

3) 팀별 개요 발표를 통해, 자기 팀이 작성한 개요가 적절한지 평가해 보자.

4) 다른 팀의 의견을 수렴하고 개요 평가 항목을 참고하여 개요를 수정해 보자.

<개요 평가 항목>

ㄱ. 개요를 이루는 각각의 소주제문은 주제문과 긴밀하게 연결되는가?

ㄴ. 소주제문의 범위가 적절한가? (한두 단락 정도를 형성하기에 알맞은가?)

ㄷ. 개요를 이루는 소주제문의 표현이 구체적이고 명확한가?

ㄹ. 개요 전개가 논리적이며 설득력을 갖추고 있는가?

ㅁ. 소주제문의 표현은 의도한 바를 충분히 전달할 수 있을 만큼 구체적인가?

03 단락의 형성과 확장

단락이란?

단락은 하나의 소주제문을 중심으로 긴밀하게 모인 문장들의 집합이다. 글의 흐름이 전환되거나 새로운 소주제문이 등장하면 단락을 구분해 줄 필요가 있다. 새로운 단락이 시작될 때는 줄을 바꾸고 들여쓰기를 하는 것이 보통이다. 단락은 독자에게는 글 읽기의 단위이고, 필자에게는 중심 생각(주제문)을 전개해 나가는 글쓰기의 단위이다. 단락 구분이 없거나 부적절하게 이루어지면 독자가 내용을 파악하며 글을 읽어 나가는 데 방해가 되고, 필자가 논리정연하게 자기 생각을 이끌어가기도 어려워진다.

단락이란?

단락은 소주제문을 뒷받침하는 여러 개의 문장들로 구성된다. 하나의 단락 안에서 소주제문과 뒷받침 문장들은 논리적이고 통일성 있게 연결되어야 한다. 이때 뒷받침 문장들은 소주제문의 이유, 근거, 사례, 해설 등과 같은 성격을 띤다.

예시 4

권력이 대중을 감시하기 위해 사용하는 전자 기술은 권력을 감시하고 권력에 저항하는 활동의 도구가 되기도 한다. 전자 기술을 사용하여 권력을 감시하는 대중들의 노력은 황우석 사건에서도 명백하게 나타난다. 정부와 언론 그리고 기업과 대학 같은 막강한 권력 집단의 지지와 지원에 힘입어 국민적 스타가 된 황우석의 논문이 조작된 것임을 밝히는 데 젊은 생명과학자들의 자발적 온라인 커뮤니티인 생물학정보연구센터(BRIC)의 역할이 매우 컸다. BRIC은 황우석의 논문이 가진 문제점을 지속적으로 제기하였고, 여기서 제기된 문제들이 인터넷을 통하여 대중들에게 유포되면서 결국 언론의 보도로까지 이어지게 되었다.

- 정정훈, 「전자 감시의 시대, 혹은 통제 사회의 도래」
(이진경 편저, 『문화정치학의 영토들』, 그린비, 2007:161)

밑줄 친 부분이 이 단락의 소주제문이라면 이후의 내용은 소주제문의 사례가 된다. 사례 부분은 소주제문을 논리적으로 뒷받침하고 있다. 이 경우 단락 형성 방식은 '소주제문 + 사례'라 할 수 있다.

이처럼 한 단락은 소주제문을 중심으로 이에 대한 이유, 근거, 사례, 해설 등의 역할을 하는 뒷받침 문장들의 다양한 조합으로 이루어진다. 주제문의 위치에 따라 '소주제문 + 근거'로 이루어진 단락이나 '이유 + 소주제문'으로 이루어진 단락 등이 있을 수 있고, '도입 + 소주제문 + 해설 + 사례' 등과 같은 방식으로 하나의 단락이 형성될 수도 있다.

단락의 확장

문장들이 모여 하나의 단락을 형성하는 과정은 단락들이 모여 한 편의 글을 구성하는 과정과 흡사하다. 단락 안에서 여러 문장들이 소주제문을 중심으로 긴밀하게 연결되듯, 한 편의 글에서 여러 단락들은 주제문을 뒷받침하며 통일성 있게 모아져야 한다.

문장 개요의 각 항목들은 앞으로 쓰게 될 글의 소주제문이라 할 수 있다. 그러므로 문장 개요를 이루는 소주제문들을 각각 하나의 단락으로 확장하여 연결하면 한 편의 글이 생성된다. 또한 글을 구성하는 하나의 단락에 구체적인 하위 내용을 추가하여 여러 개의 단락으로 확장할 수도 있다. 이렇게 하면 좀 더 긴 글이 생성된다. 이때 새로 만들어진 단락 역시 소주제문과 이를 뒷받침하는 문장들로 긴밀하게 짜여 있어야 한다.

예시 5

■ 기존의 한 단락

소주제문 : 권력이 대중을 감시하기 위해 사용하는 전자 기술은 권력을 감시하고 권력에 저항하는 활동의 도구가 되기도 한다.

단락 형성 방식 : 소주제문 + 사례(황우석의 논문 조작을 밝혀낸 BRIC의 사례)

■ 여기에 하위 내용을 추가하여 세 단락으로 확장한 경우

단락 ①소주제문 + 근거 : 전자 기술이 권력 감시와 저항의 수단이 될 수 있다고 주장하는 저서나 논문을 소주제문에 대한 근거로 제시한다.

단락 ②사례 1 : 황우석의 논문 조작을 밝혀낸 BRIC의 사례

단락 ③사례 2 : 촛불집회 당시 정부의 진압 상황을 인터넷으로 생중계했던 누리꾼의 사례

이때 단락 ②와 ③은 다시 새로운 소주제문과 이에 대한 뒷받침 문장들로 구성될 것이다.

활동

1. 아래의 단락에서 소주제문을 찾아보고, 소주제문과 뒷받침 문장들이 어떤 관계로 연결되어 있는지 생각하면서 단락 형성 방식을 설명해 보자.

예문 1 허위사실유포죄는 위헌일 뿐만 아니라 국제 인권 기준을 명백히 위반한다. 왜냐하면 포장만 허위사실유포죄일 뿐, 실제로는 정부의 비리에 대한 진실된 고발과 비판을 처벌하는 진실유포죄로 기능하고 있기 때문이다. 자유민주주의 국가에서 허위사실 자체를 처벌하는 국가는 유일하게 우리나라뿐이다. 유엔인권위원회는 이미 1990년대에 시민 정치적 권리에 관한 국제 규약 심사에서 튀니지, 모리셔스, 아르메니아, 우르과이, 카메룬 등이 가지고 있는 허위사실유포죄에 대해 우려를 나타냈다. 특히, 지난 2000년 의사 표현의 자유에 관한 유엔특별보고관은 허위사실유포에 대해 형사처벌하는 것은 형평성에 어긋나며 비난받아 마땅하다고 했다. 이에 따라 그나마 허위사실유포죄가 존재하던 후진국들도 하나둘씩 이를 폐지하고 있다. 1978년에는 미주기구(OAS) 산하 미주인권위원회의 지적에 따라 파나마가 허위사실유포죄를 폐지했다. 2000년 5월에는 짐바브웨 대법원도, 허위사실유포죄는 그 죄를 통해 방지하려는 해악과 그 죄를 통해 침해당하는 표현의 자유 사이에 형평이 맞지 않는다며 위헌 판정을 했다. 비슷한 시기 카리브해 동부 소국인 앤티카바부다의 최고법원도 허위사실유포죄에 위헌 판결을 내렸다.

– 박경신, 『진실유포죄』(다산초당, 2012:27~28)

소주제문 : ______________________________

____

단락 형성 방식 : ______________________________

____

예문 2 노인 문제를 연구하는 프랑스의 어느 여성은 이런 실험을 했다. 그녀는 노인의 처지를 보다 생생하게 경험하기 위해 며칠 동안 노인 분장을 하고 시내를 돌아다녀 보았다. 그 체험을 통해 그녀는 자신이 지금껏 수행해 온 노인 연구가 얼마나 공허했는지를 깨달았다고 한다. 길거리에서 마주치는 행인들의 싸늘한 눈빛, 전철이나 식당이나 공공장소에서 은근히 무시하는 태도를 몸소 느낄 수 있었기 때문이다. 타자를 온전히 이해하기 위해서는 그 사람이 되어 보아야 한다.

– 김찬호, 『모멸감: 굴욕과 존엄의 사회심리학』(문학과지성사, 2014:220~221)

소주제문 : ______________________________

____

단락 형성 방식 : ______________________________

____

예문 3 도파민은 뇌 안쪽 깊숙한 곳에 있는 까만색 뇌세포 덩어리(까맣기 때문에 흑질이라 불린다)에서 분비되는 물질이다. 도파민의 긍정적인 기능은 무엇보다도 그것이 '보상(reward)'에 관여한다는 데서 시작된다. 도파민이 '보상 신경전달물질'이라 불리는 이유는 그것이 인간이 무언가를 달성했을 때 뇌에서 분비되어 인간에게 쾌감을 느끼게 해주기 때문이다. 예를 들어, 마라톤 대회에서 우승했을 때 기진맥진했는데도 불구하고 분출하는 에너지와 짜릿한 쾌감, 자신감을 얻어 양손을 들고 승리를 자축하며 운동장을 한 바퀴 더 돌기까지 하는 마라토너의 모습은 도파민의 분출로 설명된다.

- 석영중, 『뇌를 훔친 소설가』(예담, 2011:108~109)

소주제문 : ______________________________

____

단락 형성 방식 : ______________________________

____

예문 4 오늘날 지식인은 아마추어가 되어야 합니다. 여기서 아마추어란 한 사회의 분별력 있고 사려 깊은 구성원이 되고자 한다면 가장 전문적이고 직업적인 행위에 있어서조차 그 행위가 자신의 국가와 관련되고 다른 사회와의 상호작용 방식은 물론 자국 시민들과의 상호작용 방식과 관련될 때, 그 핵심에서 도덕적인 문제를 제기할 수 있는 자격이 있어야 한다고 생각하는 사람입니다. 아마추어로서 지식인의 정신은 우리 모두가 겪고 있는 단순히 직업적인 일상에 들어가 이를 훨씬 더 생기 있고 급진적인 무언가로 변모시킬 수 있습니다. 그저 해야 할 일로 여겨지는 것을 묵묵히 수행하는 대신, 그것을 왜 해야 하며 그것이 누구에게 도움이 되는 일이며 그것을 어떻게 하면 개인적 기획과 독창적 사고에 다시 접목할 수 있을지 물을 수 있게 되는 것입니다.

- 에드워드 사이드, 『지식인의 표상』(최유준 옮김, 마티, 2012:97~98)

소주제문 : ______________________________

____

단락 형성 방식 : ______________________________

____

활동

2. 한 단락으로 된 아래의 예문을 읽고, 다음의 활동을 통해 글 한 편으로 확장해 보자.

① 우리는 꿈을 착취당한다. 우리가 같은 꿈만 꾸기 때문이다. 자본주의화 된 꿈만 꾸기 때문이다. / ② 어떤 직업을 꿈으로 삼는다는 건 산업구조에서 어떤 기능을 담당하고 싶어 한다는 걸 의미한다. 그 기능을 배우기 위해서는 돈을 지불해야 한다. 더 비극적인 건 합당한 대가를 치르고 그런 기능을 습득했는데도 사회가 그의 기능을 필요로 하지 않을 때다. 꿈조차도 수요와 공급곡선을 따른다. / ③ 사회는 우리에게 사회가 필요로 하는 꿈을 심어 주려고 든다. 그런 꿈을 꾸는 순간 노예가 된다. / ④ 모두가 같은 꿈만 꾼다. 하지만 진짜 꿈을 꿀 수는 없다. 이젠 자본주의적인 꿈에서 깨어날 때도 됐다. 노예가 될지 별종이 될지는 꿈에 달렸다.

– 신기주, 「우리는 왜 꿈을 착취당하는가?」(『우리는 왜?』, 북노마드, 2012:72)

1) 이 글을 위와 같이 네 부분으로 나누고, 각각의 중심 내용을 소주제문의 형태로 정리해 보자.

① ______

② ______

③ ______

④ ______

2) 각각의 소주제문을 뒷받침할 수 있는 하위 내용을 보충해 보자.

① '자본주의화 된 꿈'의 의미에 대한 해설, 자본주의화 된 '같은 꿈'의 사례 등

② ______

③ ______

④ ______

3) 1)과 2)를 바탕으로 하여 위의 한 단락을 네 단락의 글로 확장해 보자.

활동

3. [팀 활동 3] '팀 활동 2'에서 작성한 개요를 바탕으로 단락의 형성과 확장을 위한 활동을 해 보자.

1) 작성한 개요 안에서 자신이 가장 자신 있게 다룰 수 있는 소주제문 하나를 선택해 보자. (팀원들끼리 서로 다른 소주제문을 선택하도록 한다.)

2) 단락 형성의 다양한 방식들을 고려하면서, 자신이 선택한 소주제문을 통일성 있는 하나의 단락으로 만들어 보자.

3) 팀원들이 각자 쓴 단락들을 연결하여 글 한 편을 작성해 보자.

4) 단락의 연결과 생각의 흐름이 자연스러운지 살피면서 글을 수정해 보자.

5) 작성한 글에서 하위 내용을 생성하여 구체화할 수 있는 단락이 있는지 검토하고, 있다면 해당 단락을 둘 이상의 단락으로 확장해 보자.

04 정확한 문장 표현

문장 표현의 정확성과 적절성

글쓰기는 글을 구상하고 계획하는 단계부터 내용을 생성하고 조직하여 문장으로 표현한 뒤 수정을 거쳐 완성하는 단계까지의 전 과정을 포괄한다. 문장 표현 단계에서는 하고자 하는 말을 적확하게 기술하여 독자에게 효과적으로 전달하는 것이 중요하다. 아무리 독창적이고 심오한 내용의 글이라도 의사소통에 실패하면 좋은 글이 될 수 없다. 효과적인 의사소통을 위해서는 우선 문법에 맞는 정확한 문장을 사용하고 필자의 의도를 제대로 드러내는 적절한 표현을 구사해야 한다. 초고를 작성한 뒤에도 자신의 글에서 부정확하거나 어색한 문장을 찾아 더 좋은 문장으로 수정할 필요가 있다. 아래의 항목과 예시들에 유의하여, 어법에 맞는 정확하고 자연스러운 문장을 사용하도록 하자.

문장 성분의 호응

문장 안에서 주어와 서술어, 목적어와 서술어, 부사어와 서술어 등은 통사적으로나 논리적(의미론적)으로 호응을 이루어야 한다. 문장 성분들이 자연스럽게 호응하지 않아 비문(문법에 맞지 않는 문장)이 된 사례들은 학생의 글에서도 자주 발견된다. 먼저 주어와 서술어의 호응 관계에 문제가 있는 예를 살펴보면서, 문법적으로 정확한 문장에 대한 감각을 길러 보자.

① 나는 이번 학기에 장학금을 타는 것이 목표이다.

② 이 계획은 지나치게 근시안적이라는 사실이다.

①은 주어 '나는'과 서술어 '목표이다'가 통사적으로 호응을 이루지 않아 비문이 된 사례이다. 이 문장은 '나는 이번 학기에 장학금을 타는 것을 목표로 삼고 있다', 또는 '나의 목표는 이번 학기에 장학금을 타는 것이다' 등으로 수정해야 한다. ② 역시 주술 호응에 문제가 있는 비문이다. 주어 '이 계획은'과 서술어 '사실이다' 사이에 호응이 이루어지지 않으므로, '사실이다'에 어울리는 안은문장의 주어를 넣어줄 필요가 있다. '문제는 이 계획이 지나치게 근시안적이라는 사실이다', '기억해야 할 것은 이 계획이 지나치게 근시안적이라는 사실이다' 등과 같이 의도에 맞는 적절한 주어를 삽입하여 정확한 문장으로 수정할 수 있다. 이 외에도 '사실 이 계획은 지나치게 근시안적이다', '이 계획이 지나치게 근시안적인 것은 사실이다' 등과 같이 본래 문장의 의미를 훼손하지 않으면서 문법적으로 호응이 이루어지도록 수정하는 방법도 있다.

③ 정부는 민심을 잘 헤아려 세심하게 보살피려고 노력해야 한다.

④ 사람들은 뱀이 징그러우면서도 보기만 하면 잡으려 한다.

③과 ④는 서술어와 목적어 사이의 호응이 부자연스러운 문장들이다. ③에서 '민심을 헤아리다'에는 통사적으로나 논리적으로 무리가 없지만 '민심을 보살피다'는 의미상 부정확하고 부적절한 표현이다. 서술어 '보살피다'에 어울리는 목적어는 '민심을'이 아니라 '국민을'이다. 따라서 적절한 목적어를 삽입하여 '정부는 민심을 잘 헤아려 국민을 세심하게 보살피려고 노력해야 한다'로 고쳐야 한다. 또 ④에서는 '사람들은'이 주어, '잡으려 한다'가 서술어이다. 여기에 어울리는 목적어는 '뱀을'이다. '뱀이'를 '뱀을'로 고치고 이 목적어와 호응을 이루도록 '징그러우면서도'를 수정하면 '사람들은 뱀을 징그러워하면서도 보기만 하면 잡으려 한다'가 된다.

⑤ 이번 일로 우리는 불편과 피해를 입었다.

⑥ 나는 이번 방학에 체력 관리와 체중을 감량하기로 계획했다.

⑤와 ⑥에서처럼 조사 '과'('와')로 대등하게 연결된 단어나 어구들이 하나의 서술어와 통사적 관계를 맺을 때는 앞말도 서술어와 호응을 이루어야 한다. ⑤에서는 '불편(을)'이 '입었다'의 목적어로 어울리지 않으므로, '이번 일로 우리는 불편을 겪고 피해를 입었다'와 같이 앞말에 호응하는 서술어를 넣어 주어야 한다. ⑥에서는 대등하게 연결된 두 성분 '체력 관리'와 '체중을 감량하기로'가 통사적으로 동일한 구조를 지니지 않아 호응 관계가 어색해졌으므로, '체력 관리'를 부사어구로 고쳐 '나는 이번 방학에 체력을 관리하고 체중을 감량하기로 계획했다'라고 써야 올바른 문장이 된다. 또는 '체중을 감량하기로'를 '계획했다'의 목적어로 고쳐 '나는 이번 방학에 체력 관리와 체중 감량을 계획했다'라고 쓸 수도 있다.

정확한 어미와 조사의 사용

혼동하기 쉬운 어미와 조사의 사용에도 유의할 필요가 있다.

① 어디에 있던지 나를 기억해 줘.

② 하느라고 했는데 네가 보기에는 어떨지 모르겠다.

①은 '-던지'와 '-든지'를 혼동한 사례이다. '회상'을 나타내는 어미 '-던지'는 '그녀가 얼마나 예쁘던지 숨이 멎을 것만 같았다'에서처럼 과거의 일을 떠올릴 때 사용된다. 이와 달리 '-든지'는 '선택'의 어미로, '네가 원하는 일은 뭐든지 할 수 있다'와 같이 쓰인다. 따라서 ①은 '어디에 있든지 나를 기억해 줘'로 고쳐야 한다. ②는 '-노라고'를 '-느라고'로 잘못 쓴 경우이다. '-노라고'는 화자의 입장에서 '자기 나름으로는 한다고'를 뜻하는 예스러운 표현이며, '-느라고'는 '네 전화를 기다리느라고 밤새 잠을 설쳤다'에서와 같이 이유나 원인을 나타내는 어미이다. ②의 경우에는 '하노라고 했는데 네가 보기에는 어떨지 모르겠다'가 정확한 표현이다.

> ③ 너의 형으로써 나에게는 너를 지킬 책임이 있다.
>
> ④ 그 사람은 언제까지나 너를 잊지 못한데.

'로써'는 수단을 나타내는 조사로 '그렇게 함으로써 끝을 맺었다', '박수로써 환영했다' 등으로 쓰인다. ③의 문장에서 '형으로써'는 자격을 나타내는 조사 '로서'를 써서 '형으로서'로 고쳐야 한다. '-데'는 '그 사람이 정말 슬퍼하데'와 같이 자신이 직접 경험해서 알게 된 사실을 현재 발화 상황에 옮겨 와서 말함을 나타내는 종결 어미이다. 이와 달리 '-대'는 남의 말을 간접적으로 전할 때 쓰는 말('-다고 해'가 줄어든 말)로, ④의 경우에는 '그 사람은 언제까지나 너를 잊지 못한대'로 고쳐야 올바른 문장이 된다.

올바른 피동 · 사동 표현

능동문을 쓸 수 있는 상황에서는 굳이 피동문을 쓰지 않는 것이 좋고, 주동문을 쓸 수 있는 상황에서는 굳이 사동문을 쓰지 않는 것이 좋다.

> ① 그날의 안건은 불필요한 논쟁을 유발시켰다.
>
> ② 그녀의 표정은 오래오래 잊혀지지 않았다.

①에서 '유발하다'는 이미 사동의 의미를 띠므로 사동의 뜻을 더하는 '-시키다'를 결합한 것은 잘못된 표현이다. ①의 '유발시켰다'는 유발했다'라고 쓰면 된다. ②의 '잊혀지다'는 '잊다'의 피동형인 '잊히다'에 '-어지다'를 더한 이중피동이다. '그녀의 표정은 오래오래 잊히지 않았다'라고 써야 올바른 표현이다. '생각되어지다', '보여지다', '읽혀지다'와 같은 이중피동은 흔히 사용되지만, 쓰지 않는 것이 바람직하다.

중복된 표현과 번역투 문장 피하기

불필요하게 중복된 표현을 사용하는 것도 피해야 한다. 전달하는 의미가 동일하다면 더 간결하고 깔끔한 표현을 쓰도록 하자.

① 우리는 이와 유사한 사건들을 미디어 매체에서 자주 접한다.

② 그는 이러지도 저러지도 못하는 딜레마에 빠졌다.

'미디어'와 '매체'는 동의어이므로 중복해서 사용할 필요가 없다. ①의 '미디어 매체에서'는 '미디어에서'나 '매체에서'라고 쓰면 된다. ②에서도 '이러지도 저러지도 못하는 난처한 상황'이 곧 '딜레마'이니, '그는 딜레마에 빠졌다'라고 쓰면 된다.

③ 그가 낸 성과는 주목에 값한다.

④ 그의 노력은 아무리 칭찬해도 지나치지 않다.

③과 ④는 번역투 문장으로 우리말에서는 어색한 표현이다. 이외에 '…에 다름 아니다', '…에 있어' 등도 자연스럽지 않은 번역투 문장이니 쓰지 않는 것이 좋다.

활동

1. 아래의 문장에서 어색한 부분을 찾아 정확하고 자연스러운 표현으로 고쳐 보자.

1) 분명한 것은 문명의 이기는 잘못 사용하면 오히려 해가 된다.

▶ ______________________________

2) 직업 선택의 폭이 다양한 학과는 한국 학생들에게 선망의 대상이다.

▶ ______________________________

3) 야구 동아리에서는 야구에 관심이 있거나 좋아하는 학우들을 모집합니다.

▶ ______________________________

4) 이 연구를 통해 우리는 성적 소수자에 대한 생각의 변화와 관심이 높아지고 있음을 알 수 있다.

▶ ______________________________

5) 우리는 인간을 동물이라고 생각하는 일이 익숙하지 못하다.

▶ ______________________________

6) 이 논문은 논거가 불충분하기 때문에 재검토가 요구되어진다.

▶ ______________________________

7) 그런 배려를 당연시 여기는 것은 뻔뻔한 일이다.

▶ ______________________________

8) 나는 이번 방학을 게으름과 싸우면서 보낸 기간이다.

▶ ______________________________

9) 네가 무슨 말을 하던지 나는 너를 믿을 것이다.

▶ ______________________________

10) 독서는 베스트셀러 목록이 아니라 내적 필요에 따라 선택해야 한다.

▶ ______________________________

활동

2. 아래에 인용된 학생의 글에서 어색한 부분을 찾아 정확하고 자연스러운 문장으로 수정해 보자.

예문 1 '알지 못하면 보이지 않는다'라는 말이 있다. 우리의 몸속과 피부에는 수억 마리의 세균으로 뒤덮여 있다. 하지만 이를 신경 쓰지 않는다. 그 세균이 병으로 들어나 눈에 보이기 전까지 말이다. 우리가 살고 있는 사회도 이와 같다. 우리 사회 곳곳에는 모순과 문제로 가득하다. 이 모순과 문제는 눈에 보이는 사건으로 나타나지 않는 이상 우리는 별로 신경 쓰지 않는다. 국가와 자본은 자신들의 존속을 위해 이 모순과 문제를 안 보이는 세균처럼 방치하거나 좋은 세균으로 속이기도 한다.

예문 2 상상이 현실이 되는 광경은 이제는 흔히 접할 수 있는 광경이 됐을 정도로 아무렇지 않은 일이 되어 버렸다. 사람들은 새로운 기술이나 기계가 나와도 그때만 환호할 뿐 이내 다음에 찾아올 기술들에 눈을 돌린다. 우리 세대는 새로운 기술인 유비쿼터스 혁명을 목전에 두고 있다. 이전의 정보화 시대는 우리가 사는 세계가 아닌 또 다른 세계(전자 공간)를 창조했다는 점에서 혁명이라 바라볼 수 있지만, 유비쿼터스 시대는 실제 세계와 전자 공간을 통합한다는 점에서 이전과는 다른 개념의 공간 혁명이다. 유비쿼터스 시대가 구현되었을 때의 모습을 상상하기 전에 아직은 발전 단계이므로 이 기술은 방향을 어느 곳으로 무슨 목적을 위해 향상되어야 할까? 유비쿼터스 시대의 문제는 지금과 다른 차원의 심각한 문제를 맞닥뜨리게 될 가능성이 높다.

예문 3 사람들이 자신을 이롭게 만들어 주고 다른 사람보다 우월한 인간으로 만들어 주기 위해 유전자를 선택 가능한 시대가 오면, 누구도 열등하다고 여겨지는 유전자를 가지고 싶어 하지는 않을 것이다. 그들이 우월하다고 인식하는 유전자는 사람들이 사는 사회의 생존 원리와 자본의 논리 등에 우열이 결정되어질 가능성이 크다. 사회가 어떤 모습을 원하는가에 따라, 어떤 가치에 중점을 두느냐에 따라 유전자의 우열이 정해질 것이다. 지금처럼 가치가 획일화된 사회라면, 모두가 비슷한 유전자들만을 원하게 될 수도 있다. 많은 사람들이 지금처럼 우월해지고 싶어 할 것이고 기술이 존재할 것이므로 이용하는 것은 당연한 일일 것이다.

사람들이 이롭다 여기는 유전자를 모두가 취득한다면 인류는 더 발전할 수 있을까? 자연의 생태계에서도 배울 수 있듯이, 다양성은 종의 유지에 중요한 여건이다. 열등하다고 여겨지는 유전자들이 사라져 인간의 다양성이 감소된다면, 인간 종의 개체는 취약해질 수밖에 없다.

예문 4 보통은 가시적인 폭력을 경험할 때와 비가시적인 폭력을 경험할 때 조금 다른 반응을 한다. 예를 들어 가난한 아이가 너무 배가 고파서 다른 가난한 아이를 때려죽인 뒤 가지고 있던 빵을 훔치는 것을 보면, 보통 때린 아이를 손가락질하고 죽은 아이를 불쌍하게 생각한다. 이것이 가시적인 폭력인데, 보통은 이런 가시적인 폭력에 감정이입을 한다. 사실 배고프고 가난한 아이들이 저런 상황에 놓여지게 한 것은 사회의 구조적인 폭력이라고 생각할 수 있는데, 어쩌면 더 끔찍하고 무서운 폭력이지만 사람들은 이런 비가시적인 폭력에 감정이입을 하기 힘들다.

활동

3. [팀 활동 4] 아래와 같이 문장 수정하기 활동을 해 보자.

1) 문장을 수정할 때 유의해야 할 항목들을 기억하면서, '팀 활동 3'에서 작성한 글을 정확한 문장으로 수정해 보자.

2) 수정한 글을 다른 팀의 글과 바꾸어 읽어 보자.

3) 다른 팀의 글에서 어색한 문장을 찾아 정확하고 자연스러운 표현으로 수정해 보자.

4) 자기 팀의 글을 돌려받은 뒤, 다른 팀에서 수정해준 문장 표현들을 검토해 보자.

5) 처음의 문장과 수정된 문장을 비교하면서 자기 팀의 글을 한 번 더 고쳐 써 보자.

05 글쓰기의 사례와 분석

05 글쓰기의 사례와 분석

01 보고서

보고서의 일반적 개념

대학에서 요구되는 보고서는 학술적 글쓰기로서, 학문적 담화 공동체에서 통용될 수 있는 의사소통의 한 유형이다. 학문적 담화 공동체 내에서 소통되기 위해, 보고서는 학술적 글쓰기에 적합한 내용과 형식을 갖추어야 한다. 전공과 분야에 따라 다양한 유형의 보고서들이 존재하지만, 유형적 다양성을 떠나 모든 보고서에는 타당한 논거들을 바탕으로 탐구된 내용이 논리적인 형식 안에서 서술된다.

'보고(報告)'는 "일에 관한 내용이나 결과를 말이나 글로 알림"(국립국어원, 표준국어대사전)이라는 사전적 정의를 갖는다. 이러한 정의와 보고서 작성의 목적을 고려해 보면 '보고서'는 현상, 사실, 원리, 사건, 사례 등을 직접 조사(investigation), 탐구(inquiry), 관찰(observation), 실험(experiment) 등의 방법을 통해 규명하고 그 내용이나 결과를 보고하는 글로 이해할 수 있다.

보고서를 작성할 때에는 조사, 탐구, 관찰, 실험 등을 통해 도출된 내용이나 결과를 정확히 기술하는 것이 우선적으로 필요하다. 이를 위해서는 조사, 탐구, 관찰, 실험 등의 대상, 범위, 방법, 절차 등을 명확하게 밝히고, 관련되는 자료의 출처를 정확하게 기재하는 것이 중요하다. 또한 필자 개인의 편향된 시각이나 추측에 의존하지 않고 논리적 타당성을 확보하여 글을 쓰는 태도를 유지해야 한다. 보고 내용을 해석하거나 추론하는 것은 도출된 결과를 놓고 논의 사항, 개선점, 대안 등을 찾거나 결과의 적용 방안 또는 활용 방안을 모색할 때 필요하다.

대학 보고서의 유형과 거시 구조

대학에서 작성하게 되는 본격적인 의미의 보고서는 연구 보고서로서 주어진 과제 또는 자신이 설정한 세부 연구 주제를 조사, 탐구, 실험 등의 연구 방법을 동원하여 규명하는 단계를 거치게 된다. 따라서 흔히 다음과 같은 전형적인 구조로 작성된다.

◈ 과제 수행의 문제의식 ◈ 과제 수행의 대상 ◈ 과제 수행의 방법	⇒	도입
◈ 과제 수행의 구체적 절차 ◈ 과제 수행의 구체적 내용과 결과 ◈ 과제 수행 결과에 대한 논의	⇒	본문
◈ 과제 수행의 핵심 내용을 요약 ◈ 과제 수행의 성과를 강조 ◈ 과제 수행과 연결되는 후속 연구 제안	⇒	마무리

연구 보고서는 거시적 관점에서 '도입-본문-마무리'의 세 단계 및 범주로 구조화할 수 있다. 먼저, 도입 부분에서는 연구 과제의 문제의식이 분명하게 드러나야 한다. 문제의식을 명료히 설명하는 과정에서 연구의 대상과 방법이 논리적으로 연결되도록 서술한다. 과제를 수행하는 이유가 무엇이며, 무슨 대상을 어떤 방법으로 다룰 것인지를 명확히 밝혀, 독자가 보고서에서 다룰 주요 내용과 방향을 쉽고 명료하게 이해할 수 있도록 한다.

본문에서는 도입 부분에서 밝힌 과제 수행의 절차와 내용을 구체적으로 기술하는 작업이 필요하다. 해당 과제가 구체적으로 어떠한 절차와 방법에 의거하여 수행되었으며, 이때 구체적으로 도출된 연구 내용과 결과가 무엇인지를 논리적으로 기술해 나가야 한다. 여기에서 과제 수행 결과에 대한 논의 사항들도 구체적으로 다룰 수 있다.

마무리 단계에서는 그간의 과제 수행 결과를 간략히 요약, 정리하고 결론을 맺는다. 이때 연구 수행의 제약점, 향후 과제 등에 관한 제언을 덧붙일 수 있다.

대학 연구 보고서의 하위 유형 및 구조

대학에서 작성하는 연구 보고서는 과제 유형 및 과제 수행 방법에 따라 대체로 다음과 같이 하위분류되며, 각각의 유형에 따라 세부 구조, 작성 절차 및 방법을 달리한다.

ㄱ. 문헌 연구 보고서(library research report)

문헌 조사를 통해서 연구한 내용을 바탕으로 작성하는 보고서이다. 연구 주제를 문헌 조사를 통해 탐구하고자 하므로 연구 주제와 관련된 문헌을 철저하게 검색하는 작업이 무엇보다 중요하다. 검색된 문헌 가운데 해당 연구 주제와 유의미하게 관련되는 것들을 선별하는 단계도 중요하다. 선별된 문헌들에 대해서는 연구 주제를 중심으로 비판적 읽기 과정을 통해 도출한 결과를 가지고 보고서를 작성한다.

다음의 사례는 문헌 조사를 통해 빅 데이터의 현황과 쟁점을 탐구하는 학술 보고서의 목차를 보여준다. 서론(도입) 부분인 Ⅰ장에서는 문제의식과 연구 대상이 명확히 드러날 수 있게 서술한다. 이를 위해 빅 데이터를 탐구해야 하는 목적과 필요성을 제시하고, 빅 데이터와 관련된 여러 가지 주제들 가운데 어떤 부분에 집중할 것인지 연구의 범위를 한정한다. 이 과정에서 경우에 따라 선행 연구들을 비판적으로 검토할 수 있다. 또한 독자가 글 전체의 흐름과 방향을 미리 알 수 있도록 안내하는 부분이 포함되면 좋다.

본론(본문)에 해당하는 Ⅱ장과 Ⅲ장에서는 문헌 조사를 통해 밝혀낸 내용들을 구체적으로 기술한다. 이때 본론의 목차는 논리적 단계성을 고려하여 작성한다. 이를 위해 하위 장들은 중심 내용들을 단순히 병렬적으로 나열하기보다, 선행 장이 후행 장을 위한 논리를 제공할 수 있도록 배열한다. 예를 들어 아래의 사례에서 보듯, Ⅲ장은 Ⅱ장의 서술 이후에야 비로소 제시될 수 있는 논리적 단계성을 갖추고 있다.

결론(마무리)에서는 지금까지 논의된 내용을 요약하고 강조하면서 글을 마무리한다. 이때 본론에서 다루지 않은 새로운 논증과 탐구의 내용을 제시하지 않도록 유의한다. 본론에서 수행한 탐구의 한계를 스스로 검토하면서 남은 과제들에 대해 언급해 주는 것도 좋은 방법이다.

예시 1

새로운 기술 패러다임: 빅 데이터 소프트웨어학부 OOO		
Ⅰ. 세계가 주목하는 기술, 빅 데이터	⇒	도입
Ⅱ. 빅 데이터의 현황 1. 빅 데이터의 등장 2. 빅 데이터 활용 사례 Ⅲ. 빅 데이터의 사회적 쟁점 1. 정보 과잉 2. 프라이버시 및 보안 3. 빅 브라더 기업과 정부	⇒	본문
Ⅳ. 빅 데이터와 우리의 과제	⇒	마무리
참고문헌		

ㄴ. 조사 보고서(survey report)

어떤 주제에 관하여 문제를 내고 구두로 묻거나 질문지를 작성하여 묻고 답변을 구하는 조사 방법을 동원하여 도출된 결과를 가지고 작성하는 보고서이다. 조사 결과를 얻는 것이 최종 목적이므로 도출된 결과를 구체적이고 객관적인 관점에서 기술해야 한다. 그런데 조사 결과는 조사 대상, 시기, 방법에 영향을 받는다. 따라서 조사 결과를 제시하기 이전에 구체적인 조사 대상 또는 대상자를 밝히고 대상(자) 선정 방법, 선정 이유를 설명하고 조사를 실시한 시점과 조사 방법 및 절차를 명시해야 한다.

다음의 사례는 설문 조사를 통해 수업에서 활용되는 수정적 피드백을 탐구하는 조사 보고서의 목차를 보여준다. 서론에서는 수정적 피드백이라는 연구 소재를 소개하고, 이를 통해 밝혀내고자 하는 연구 주제의 목적을 명확히 제시한다. 더불어 본론에서 제시하게 될 설문 조사의 대상과 방법에 대해 방법론적 차원에서 간략하게 소개한다. 본론에서는 실제로 수행된 설문 조사에 대한 구체적인 방법과 내용을 설명하고, 그에 따른 결과를 논리적으로 정리한다. 결론에서는 서론과 본론에서 밝혀진 내용을 요약 정리한다.

예시 2

수업 중에 실행되는 수정적 피드백에 대한 학습자 인식 양상 조사 국어교육학과 OOO		
Ⅰ. 서론	⇒	도입
Ⅱ. 연구 방법 1. 연구 대상 2. 연구 절차 Ⅲ. 연구 결과 1. 수정적 피드백의 실행 양상 2. 수정적 피드백에 대한 학습자 인식 Ⅳ. 논의	⇒	본문
Ⅴ. 결론	⇒	마무리
참고문헌		

ㄷ. 답사 보고서 (field report)

현장에 가서 직접 보고 조사한 결과를 토대로 작성하는 보고서이다. 대학에서는 흔히 특정 지역의 유물, 역사, 생활 및 언어문화를 살피기 위해 현장을 답사한 뒤 그 결과를 보고하는 경우가 많다.

다음의 사례는 현지를 답사하고 그 내용을 정리한 답사 보고서의 목차를 보여준다. 서론에서는 답사 지역에 대한 개괄적인 정보와 실제로 수행될 답사 내용의 전체적인 윤곽을 제시한다. 본론에서는 실제 현장 답사를 통해 알게 된 내용들을 논리적인 단계성을 고려해 정리한다. 아래의 경우와 같이 내용적인 차원에서 특별한 논리를 만들어내기 어려울 경우 지역들에 대한 정보들을 병렬적인 방식으로 나열할 수도 있다. 결론에서는 앞에서 언급했던 내용들을 요약 정리함으로써 글을 마무리한다.

예시 3

구비문학 현지답사 보고서 — 전라남도 영광군 국어국문학과 OOO		
Ⅰ. 조사 개관 1. 영광군 개관 2. 조사 지역 및 일정 3. 조별 명단	⇒	도입
Ⅱ. 조사 자료 1. 영광군 묘량면 2. 영광군 군서면 3. 영광군 홍농읍 4. 영광군 군남면 5. 영광군 대마면	⇒	본문
Ⅲ. 조사 자료 정리	⇒	마무리

ㄹ. 실험 보고서(laboratory report)

실험 보고서는 실험 절치에 따라 수행된 실험이나 실험 결과를 보고하는 글이다. 실험 보고서는 실험 목적, 기본 원리(이론), 실험 재료 및 기구, 실험 방법, 실험 결과, 결과 분석, 토의(고찰), 결론, 참고문헌 등으로 이루어진다. 학생들의 간단한 실험 보고서라면 결론과 참고문헌이 생략되는 경우도 있다. 실험 보고서는 실험 전에 작성하는 예비 보고서와 실험 후 작성하는 결과 보고서로 나뉘기도 한다. 예비 보고서는 실험을 하기 전에 실험 목적부터 실험 방법까지를 정리한 글을 말한다. 이를 숙지하여 실제 실험을 진행한 후 그 결과를 바탕으로 분석, 토의한 내용은 결과 보고서에 해당한다.

실험 보고서를 작성할 때 실험 결과 부분에서는 실험에서 얻은 측정값을 정확히 기록하고, 표나 그래프를 활용하여 한눈에 알아볼 수 있도록 한다. 결과 분석 부분에서는 실험 결과가 어떤 의미를 지니는지를 분석하는데, 이때 실험 목적과 관련하여 그 의미를 서술하는 것이 중요하다. 토의 부분은 실험을 통해 생각한 점과 느낀 점을 정리하고 실험 전체를 평가하는 부분이다. 예상치 못한 오류가 있다면 어디에 기인한 것인지, 향후 실험은 어떻게 개선할 수 있는지 등을 언급한다.

아래의 사례는 투사체 포물선 운동을 탐구한 실험 보고서의 목차를 보여준다. 도입 부분에서는 투사체 포물선 운동을 탐구해야 할 목적과 필요성을 제시한다. 본문에서는 투사체 포물선 운동과 관련된 실제 실험을 어떤 이론과 방법론을 따라 수행할 것이지 설명하고, 이에 따른 실험 결과를 정리한다. 이때 복잡한 수치들은 그래프나 도표를 이용해 시각적 분석을 시도한다. 마무리 부분에서는 실험을 통해 알게 된 내용을 정리한다. 이 내용은 실험 목적과 잘 연결되도록 서술해야 한다. 만약 오차가 생겼다면 그 이유를 분석하고, 함께 수행하면 좋을 만한 실험의 아이디어가 있다면 소개하도록 한다. 실험을 통해 생각해 본 점들을 자유롭게 서술할 수도 있다.

예시 4

투사체의 포물선 운동 자동차공학과 OOO		
Ⅰ. 실험 목적	⇒	도입
Ⅱ. 기구 및 재료 Ⅲ. 이론 Ⅳ. 실험 방법 Ⅴ. 실험 결과	⇒	본문
Ⅵ. 결과 분석 및 고찰	⇒	마무리
참고문헌		

사례 1

테러 위험과 함께 다가오는 자율주행자동차
- 자율주행차량 상용화에 따른 테러 위험성과 그에 대한 대응/예방책

자동차IT융합학과 OOO

목 차

Ⅰ. 서론

자동차를 이용한 화려한 액션 신으로 사랑받는 영화 〈분노의 질주〉 시리즈는 지난 2017년에 8번째 편을 선보이며 식지 않는 인기를 자랑했다. 인공지능을 이용해 악당들이 도시의 자동차들을 자율주행시키는 장면, 일명 '좀비 자동차 신'은 그중에서도 단연 명장면으로 꼽힌다. 그런데 영화 속에서만 가능할 것 같던 이러한 자율주행 자동차를 현실에서 만날 날도 그리 멀지만은 않다. 자율주행 발전 단계는 크게 Level 0~5로 나눌 수 있는데, Level 0~2는 아직 급작스러운 변수에 운전자가 대응해야 하는 수준이지만 Level 3~5부터는 운전의 주는 차량이고 보조가 인간으로 바뀌는 단계이다. 현재 자율주행 기능을 탑재한 자동차는 대부분 2단계 수준이며, 자율주행 기술의 상용화 수준은 Level 3단계 직전이라고 해도 과언이 아닐 만큼 진보됐다. 즉 아직은 운전자의 조작이 어느 정도 필요한 단계이지만 미래에는 운전자의 개입 없이, 아니 운전자 없이도 자동차 스스로 주행이 가능한 단계에 진입할 것으로 예상된다.

그런데 이처럼 자율주행 기술이 발전하는 만큼, 테러의 위험성도 함께 커진다는 우려가 제기되고 있다. 실제로 영국 가디언에서 입수한 14년도 연방수사국(FBI) 내부 보고서에 따르면(Mark Harris, 2014. 7. 16.), 연방수사국에서는 자율주행 자동차의 "치명적인 무기로 악용될 가능성"을 명시하고 있다고 한다. 기술의 진보에 따라 테러 방법도 과학적으로 발전하기에, 자율주행 자동차 기술 또한 테러 집단에 좋은 도구가 될 수 있기 때문이다.

이러한 상황에도 불구하고 관련 연구는 아직 충분히 이뤄지지 않은 것이 현실이다. 「자동차 통신 네트워크 해킹의 위험 및 대책」(손정아 · 허경미, 2013. 3. 22.) 등 몇 논문에서 자동차 내부 소프트웨어 조작에 따른 테러 예상 모델들을 다루고 있지만 보다 큰 범위에서의 연구가 필요하다. 테러는 차량 내부 소프트웨어 조작뿐만 아니라 더 다양한 방법으로 발생할 수 있기 때문이다. 본고에서는 대테러센터, FBI, 자율주행용 소프트웨어 개발 기업에서의 보도 자료와 기존 논문, 칼럼 등을 분석하여 보다 넓은 범주에서 자율주행 자동차 테러 예상 모델을 구상하고 그 예방책을 모색해 보고자 한다.

II. 자율주행 자동차를 이용한 테러 예상 모델

1. 자폭 차량 테러

테러범들 관점에서 테러를 구상함에 있어 가장 크게 고려해야 할 요인 중 하나는 테러에 사용할 무기이다. 지금까지 테러에 자주 이용되어 온 것은 총기류와 폭발물 등이다. 그런데 날이 갈수록 총포화약법이 엄격해지면서 이를 자유롭게 구하기가 매우 까다로워졌다. 이에 따라 테러범들은 다른 무기에도 눈을 돌리기 시작했고, 이때 그들의 시야에 들어온 것이 바로 자동차이다. 자동차 산업의 발전으로 이제 차량 이용은 보편화 되었다. 획득이 쉽고, 상대적으로 저비용으로 대형 피해를 유발할 수 있다는 점에서 차량은 테러범들에게는 매력적인 무기이다. 〈그림 1〉을 통해서도 알 수 있듯이 실제 차량 테러 비중은 지속적으로 상승 중이다. 일반 자동차 테러 중 가장 많은 사상자를 낸 사건은 2016년 7월 14일 프랑스 혁명 기념일인 바스티유 데이에 일어난 니스 테러이다. 트럭을 몰고 폭죽 축제를 즐기는 시민들에게 돌진해 86명의 사망자를 냈는데, 이 테러를 주도한 알카에다는 자신의 구성원들에게 트럭을 "적을 베어버리는 잔디깎이"라 칭했다(Steve Visser, 2016. 8. 5.).

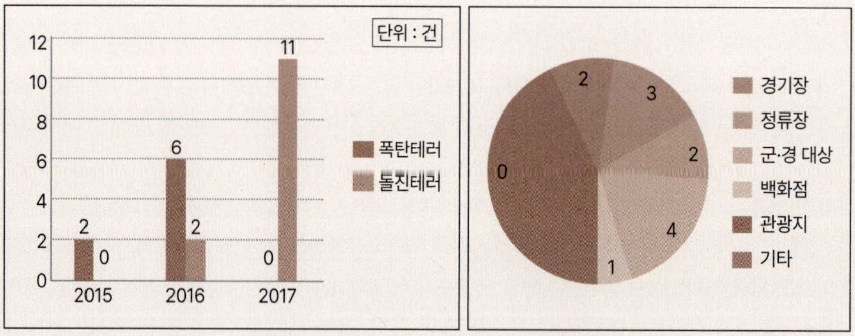

〈그림 1〉 유럽에서의 차량 폭탄 · 돌진테러 건수(2015 ~ 2017)

자료 : 『차량테러 예방 및 대응을 위한 가이드라인』

일반 차량을 이용한 자폭 차량 테러가 활발하게 이뤄지는 이 시점에서, 자율주행 자동차의 상용화는 어떤 파급효과를 불러일으킬까? 가디언에서 보도한 FBI 보고서와 경찰 당국의 말에 따르면(Mark Harris,

2014. 7. 16.), "무인자동차가 자폭 차량 테러를 목적으로 이용되었을 때, 경찰이 이를 저지하기 위해 차를 향해 총을 쏘더라도 아랑곳하지 않고 프로그램 된 대로 범죄가 수행될 것이다." 원래 자율주행 자동차 기술은 교통신호와 속도 제한을 지키게 설정되어 있다. 그러나 주변 감지 센서나 시스템을 해킹한다면, 이는 무용지물이 될 것이다. 이와 같은 차량이 위험물, 폭발물을 탑재하고 있다면 더욱 큰 인명피해를 낳을 것은 자명하다. 게다가 테러집단의 입장에서는 자신들의 인명피해 없이 테러를 진행할 수 있으므로 자율주행 자동차는 더없이 좋은 테러의 수단이 될 수 있다.

2. HAD 지도 해킹

일반 차량 운전자는 목적지에 도달하기 위해 내비게이션의 도움을 받는다. 특히 운전자에게 익숙하지 않은 공간에서 운전을 할 때에는 내비게이션에 의존할 수밖에 없다. 이처럼 내비게이션은 대개 운전하는 데 큰 도움을 주지만, 내비게이션 오류로 인해 큰 사고가 발생한 사례도 종종 확인할 수 있다. 실제로 2015년 4월 미국 시카고에서는 업데이트되지 않은 내비게이션을 따라가던 중년 부부가 철거 중인 고가도로로 진입해 11m 아래 바닥으로 추락하여 운전자는 중상, 그 부인은 사망하는 사고가 있었다(박태근, 2016. 04. 11.).

일반 차량 운전자가 지도책이나 내비게이션의 도움을 받아 운전하듯이, 자율주행 자동차도 스스로 주행하기 위해서는 자체적으로 사용할 수 있는 지도가 필요하다. 이 지도를 HAD(Highly Automated Driving)라 하는데, 이는 기존의 내비게이션, GPS 수준과는 확연히 다른 수준의 정밀함과 대용량의 기술적 데이터로 구성되어있다. 차선 정보, 가드레일, 도로 곡률 · 경사, 신호등 위치 등의 정보에 기반 한 2차원이 아닌 3차원의 도로 환경정보와 현재 차량 밀집도, 차량 상황 등의 실시간 데이터를 포함하고 있으며, 이동통신 기술(LTE, 5G)을 통해 차량으로 전달된다(조기춘, 2018. 2. 8).

앞에서 말한 내비게이션 사고처럼 HAD에 오류가 발생한다면 어떻게 될까? 설치된 센서 덕분에 차량이 사고를 범하지 않는다 해도, 적어도 도로 상황은 엉망이 될 것이다. 잘못된 경로로 인해서 차량의 운전은 계속해서 지체될 것이고 예기치 못한 접촉사고의 발생 등으로 교통이 마비될 수 있다. 이런 교통마비는 공무집행, 응급의료(소방차, 응급차) 등의 진행을 방해할 수 있고, 이는 테러집단에 의해 악의적으로 사용될 가능성이 크다.

또한 차량 센서의 측정값에 오류 값을 대입하는 해킹이 발생한다면, 자율주행 자동차는 마치 어디로 튈지 모르는 럭비공처럼 움직일 것이다. 이런 움직임은 보행자에게 큰 위협이 될 수 있다. 또한 도심이나 축제지, 광장, 야외테라스 문화가 발달해 있는 유럽 같은 경우라면 대규모 인명사고도 유발할 수 있다.

III. 테러 예상 모델에 대한 대응/예방책

1. 인간과 차량 추돌사고 물리적 방어

〈그림 2〉 도로에 설치된 볼라드

위에서 제시한 테러 예상 모델에 대한 대응/예방책을 세우는 데 있어 가장 중요한 것은 인명사고의 최소화다. 이를 해결하기 위해서는 물리적으로 인간(보행자)과 차량 간 분리가 요구된다. 현재 도로와 보행로를 구분하기 위해서 난간이 주로 설치되어 있지만, 이는 차량이 보행로로 침입하는 것을 막아주는 데에 크게 효과적이지 않다. 횡단보도를 제외한 나머지 도로변에 볼라드나 가드레일을 설치하는 것이 더욱 효과적일 수 있다. 현재 대개 볼라드는 사고 다발 구간인 교차로에 설치되어 있고, 가드레일은 고속도로 중앙선에 설치되어 있다. 이를 도로와 보행로 사이에 설치하면 차량과 보행자 간의 분리를 확실하게 할 수 있다. 그러나 가드레일 설치에는 큰 비용이 들기 때문에 비교적 적은 비용의 볼라드를 설치함이 더욱 효율적일 수 있다.

또한 중요 건물이나 위험물을 다루는 공장 등은 차량 추돌사고를 막기 위해 1층이 아닌 1.5층부터 건축을 하는 것도 하나의 방법이다. 1층부터 건축하였을 경우 차량이 직접적으로 추돌하면 차량의 충격량이 바로 전해져 큰 사고를 면할 수 없다. 하지만 1.5층으로 건물을 구성하여 0.5층을 만들었을 경우, 차량이 직접적으로 건물에 추돌하더라도 1.5층 건물 내부와의 충격량을 0.5층에서 상쇄할 수 있다. 이를 통해 건물을 일차적으로 보호할 수 있고, 1.5층의 내부 사람들과 기기 등을 보호할 수 있다.

2. 차량 생체인증 시스템

현재의 차량은 차 키를 통해 문을 열고 시동을 걸 수 있는 시스템이다. 차 소유주가 아니더라도 차 키만 있으면 차량을 주행할 수 있으므로 차량 구동에 대한 보안성이 떨어진다. 2장에서 살펴본 자폭 차량 테러가 이뤄지는 원인 중 하나는 쉬운 접근성이다. 소유주가 아닌 다른 사람이 차량에 접근하기 쉬워 테러범들이 본인들의 차량이 아닌 다른 일반인들의 차량을 테러에 사용할 수 있는 것이다. 그러므로 이를 막기 위해 생체인증을 통하여 개인차량의 보안성을 높여야 할 것이다.

자율주행 차량에 시동을 거는 데에 생체인증 시스템을 도입하여 운전자의 정보를 알 수 있어야 한다. 생체인증 시스템이 도입된다면 외부 네트워크와 연결된 자율주행 차량의 특성상 쉽게 차량 운전자의 신상을 파악할 수 있어 테러를 방지할 수 있을 것이다. 경찰 당국에서 테러 의심자의 차량 이동을 쉽게 파악할 수 있어 테러 예방에도 도움이 될 것이고, 자폭 차량 테러가 발생하더라도 운전자의 신상과 정보를 알기에 테러범 체포에도 도움을 줄 수 있다.

3. 무인 자동차 개인 보유 금지법

이러한 대응책에 더하여 운전자가 필요 없는 무인 자동차는 개인이 보유하면 안 된다는 법안을 만들어야 한다. 앞서 살펴본 FBI 보고서 및 경찰 당국에서 언급한 테러 예상 모델은 무인 자동차를 이용하여 경찰의 제재를 무시하고 설정된 알고리즘대로 테러를 진행하는 것이다(Mark Harris, 2014. 7. 16.). 무인 자동차의 테러 이용범위는 운전자가 탑승한 자율주행 자동차보다 훨씬 넓다. 물론 테러 위험 때문에 무인 자동차 기술을 이용하지 않을 수는 없다. 다만 무인 자동차를 개인에게 상용화시키기에는 위험부담이 크기 때문에, 무인 자동차는 택배업, 대중교통 등 일부 산업이나 정부 산하 기관에만 허가하여야 한다. 허가받은 이용 기관이라고 해도 관리위원회 등에 차량 이용 일지 등을 제출함으로써 보안에 유의해야 할 것이다. 또한 정부는 차량 관리에 관한 점검을 주기적으로 엄격하게 실시해서 무인 자동차가 테러나 나쁜 의도로 사용되지 않도록 해야 한다.

4. 양자컴퓨터를 이용한 HAD 지도 시스템

2장에서 언급한 것과 같이 자율주행 자동차는 HAD 지도 시스템과 이동통신 기술을 활용하여 운행된다. 따라서 해킹이 이뤄진다면 큰 문제가 발생하게 된다. 양자컴퓨터를 이용한 양자 암호 기술은 해킹 위협에서 매우 안전하다. 양자 암호의 키 값은 별도의 양자 전송망을 통해 주고받게 되는데, 양자를 통해 주고받는 이 키 값은 받는 쪽에서 확인하기 전에는 0일 수도, 1일 수도 있는 기묘한 상태이다(성호철, 2019. 10. 31). 그렇기에 양자컴퓨터를 이용한 키 값을 해커가 중간에 가로채 오더라도, 해커들은 기존의 컴퓨터를 사용하기 때문에 절대 해석할 수 없다. 이렇듯 보안에 철저한 양자컴퓨터를 이용할 수 있다면 HAD 지도 시스템의 보안성이 더욱 높아질 것이다.

IV. 결론

지금까지 자율주행 자동차를 이용한 테러 예상 모델과 그에 대한 대응/예방책을 살펴보았다. 그러나 본고에서 제시한 테러 대응/예방책 역시 보완하여야 할 점이 많다. 우선 볼라드 설치의 경우, 주변 환경의 미적 요소 저해 가능성이 있다. 따라서 볼라드를 이용한 조경이 필요한데, 화단이나 조형물을 도로변에 두면서 볼라드의 역할을 수행하게 하거나 다른 방법을 위한 조경학적 변형도 시도할 수 있을 것이다. 다음으로는 1.5층 건물 건축 방법이 지역에 따라 한계를 갖는다는 것이다. 유럽 및 일부 다른 국가에서는 고전 건축물을 유지 · 사용하기 때문에 새 건물을 건축하는 데에 어려움이 따른다. 뿐만 아니라 지역의 지형적 요소로 인해서(경사가 가파른 지형 등) 건축이 불가한 예도 있다. 그러므로 1.5층 건물에 관해서 지역 특징에 따른 건축학적 기술 개발이 필요할 것이다. 세 번째로는 차량 생체인증 시스템의 문제점인데, 이는 사생활 침해의 위험성이 크다. 생체인증을 통해 개인 차량의 이동 루트를 파악할 수 있다는 점은 테러를 예방하는 데에는 도움이 되지만, 이는 곧 개인의 사생활 침해가 될 수도 있다. 이로 인해 생체인증에 반대하는 집단이 구성되거나, 시스템을 상용화되는 데에 문제가 발생할 수 있다. 사생활 침해는 기술이 발전함에 따라 자주 언급되는 문제인데, 자율주행 자동차의 생체인증시스템 적용 역시 사생활 침해 관련 문제 해결이 필요하다. 네 번째, 본고에서 언급한 무인 자동차 개인 보유 금지법의 내용은 아직 피상적인 수준으로, 실제로 이 법안 시행을 위한 계획과 시행 시 발생할 문제 상황, 그에 대한 대책에 대한 논의가 더 필요하다. 해당 법안에 대해서 사회학, 법학 분야 전문가들의 연구가 필요할 뿐만 아니라 여러 시행착오를 겪어야 할 것이다. 마지막으로 HAD 지도 시스템에 양자 컴퓨터 기술을 접목하는 데에는 경제적, 시간적, 기술적 제한이 따른다. 최근 구글에서 양자컴퓨터를 구현했다는 소식이 있지만 아직 양자컴퓨터에 관한 연구는 기초 수준에 머물러있다. 또 이 기술이 상용화된다고 하더라도 예상치 못한 문제가 발생할 위험성이 있고, 가격도 매우 비싸 한국 HAD 지도 시스템 전부를 수용하기에는 경제적인 어려움이 발생할 수도 있다. 세계적으로 기초과학에 대한 투자 일환으로 양자컴퓨터 개발에 대한 지원이 더 활발해져야 할 것이다.

자율주행 기술의 발전은 인류의 새로운 문화 형성에 큰 원동력이지만 그에 따른 역기능으로 테러의 위험성도 커짐을 알 수 있었다. '괜찮겠지'라는 안일한 태도야말로 테러가 일어나기에 좋은 환경을 만든다. 테러는 언제, 어디서나, 어떠한 방법으로든 일어날 가능성이 있다. 아직은 자율주행기술이 Level 0~2밖에 상용화되지 않았기 때문에 큰 위협은 없었으나, Level 4~5에 접어들었을 때부터는 앞에서 언급한 테러가 현실화될 수 있다. 본고에서는 자율주행 자동차를 이용한 다양한 방법의 테러 예상 모델을 구상하고 그 대응/예방책을 모색해 보았으나 아직 부족한 부분이 많다. 또한 테러는 아무리 예방을 한다고 해도 또 다른 생각지 못한 방법으로 다가올 수 있다. 따라서 차량 내부 소프트웨어 해킹 분야는 물론 그 외의 다양한 분야에 대해서도 테러 예상 모델을 구상하고 대응/예방책을 세우는 연구들이 보다 활발하게 진행되어야 할 것이다.

[참고문헌]

국무총리실 대테러센터 · 테러정보통합센터(2017. 11.), 『차량테러 예방 및 대응을 위한 가이드라인』.

박태근(2016. 04. 11), 「승용차 철로진입…네비게이션 따랐다 폐쇄 고가서 추락 사망도」, ≪동아일보≫, http://www.donga.com/news/article/all/20160411/77519127/1(2019. 12. 01.).

성호철(2019. 10. 31), 「해킹 불가능한 미래의 통신망…세계는 '양자 기술' 패권경쟁」, ≪조선일보≫,https://biz.chosun.com/site/data/html_dir/2019/10/20/2019102001571.html(2019. 12. 02).

손정아 · 허경미(2013. 3. 22.), 「자동차 통신 네트워크 해킹의 위험 및 대책」, 『한국경찰연구』 12-1, 113~142쪽.

이재일 외 5명(2017. 12.), 『지능형 자동차 보안 위협 및 대응방안 보고서』, 과학기술정보통신부.

임수민(2019), 「자율주행자동차 도입 초기의 민사책임법제」, 『保險法硏究』13-1, 269~310쪽.

정기웅(2018. 11. 23.), 「거스를 수 없는 대세, 자율주행차의 도래와 안정성」, 『TRI WEBZINE』. https://www.etri.re.kr/webzine/20181123/sub01.html(2019. 12. 06.).

조기춘(2018. 2. 8.), 「자율주행 자동차엔 '특별한 지도'가 필요하다?!」, ≪SAMSUNG Newsroom≫. https://news.samsung.com/kr/%EC%9E%90%EC%9C%A8%EC%A3%BC%ED%96%89-%EC%9E%90%EB%8F%99%EC%B0%A8%EC%97%94-%ED%8A%B9%EB%B3%84%ED%95%9C-%EC%A7%80%EB%8F%84%EA%B0%80-%ED%95%84%EC%9A%94%ED%95%98%EB%8B%A4(2019. 12. 2.).

Mark Harris(2014. 7. 16.), "FBI warns driverless cars could be used as 'lethal weapons', ≪The Guardian≫, https://www.theguardian.com/technology/2014/jul/16/google-fbi-driverless-cars-leathal-weapons-autonomous(2019. 12. 1.).

Steve Visser(2016. 8. 5.), "Death toll rises to 85 in Bastille Day attack in Nice", ≪CNN≫, https://edition.cnn.com/2016/08/05/europe/nice-france-attack-victim/index.htm(2019. 12. 1.).

활동

1. 위의 글에서 'I. 서론' 부분을 읽고 필자의 문제의식이 무엇인지 이야기해 보자. 이 부분이 문헌 연구 보고서의 도입부로서, 연구를 수행하는 목적과 방향을 잘 제시하고 있는지 검토해 보자.

2. 위 글의 본론 부분인 II장과 III장은 논리적으로 어떻게 연결되는지 검토해 보자. III장에 제시된 '대응/예방책'은 II장에서 언급된 문제점들을 해결하는 데 얼마나 효과적일 수 있는지에 대해 자신의 생각을 이야기해 보자.

3. 'IV. 결론' 부분에서 필자가 주장하는 바를 간략히 요약해 보고, 이 주장은 이 글의 도입부에 제기된 문제의식과 잘 연결되는지 확인해 보자. 문헌 연구 보고서의 마무리 부분으로서 이 글의 IV장은 어떤 특색을 지니는지 이야기해 보자.

4. 이 글의 참고문헌은 자료 전체가 가나다순으로 일괄 정리되어 있다. 참고문헌을 이렇게 작성하는 방법의 장단점에 대해 생각해 보고, 이 글의 참고문헌을 자료의 유형에 따라 분류한다면 어떻게 나누어 제시하는 것이 좋을지 이야기해 보자.

사례 2

힘의 평형

소프트웨어학부 OOO

1. 실험 목적

여러 개의 외력을 받고 있는 물체가 평형 상태에 있을 때의 평형 조건을 실험하여 힘의 합력과 평행력을 알아본다.

2. 기본 원리

[그림 1]에서 우주선 X와 Y가 벡터 $\overrightarrow{Fx}$ 와 $\overrightarrow{Fy}$ 만큼의 힘으로 소행성을 당기고 있다. 이 힘들은 소행성의 같은 지점을 당기고 있다. 힘을 벡터량으로 표시할 때 화살표의 방향은 힘의 방향을, 화살표의 길이는 벡터의 양을 나타낸다. (힘의 양은 끄는 끈의 길이와 무관하다.)

소행성에 작용하는 총 힘은 벡터 $\overrightarrow{Fx}$ 와 $\overrightarrow{Fy}$를 더함으로써 구할 수 있다. 벡터의 합은 평행사변형 법을 이용하여 구한다. $\overrightarrow{Fx}$와 $\overrightarrow{Fy}$ 의 합인 평행사변형의 대각선은 소행성에 작용하는 전체 힘의 방향과 크기를 묘시하는 벡터 $\overrightarrow{Fr}$ 이다. $\overrightarrow{Fr}$ 은 $\overrightarrow{Fx}$ 와 $\overrightarrow{Fy}$ 의 합력이다. 이 소행성이 움직이지 않게 하기 위해서는 $\overrightarrow{Fe}$가 필요하다. $\overrightarrow{Fe}$는 $\overrightarrow{Fr}$과 크기는 같지만 방향은 반대이다.

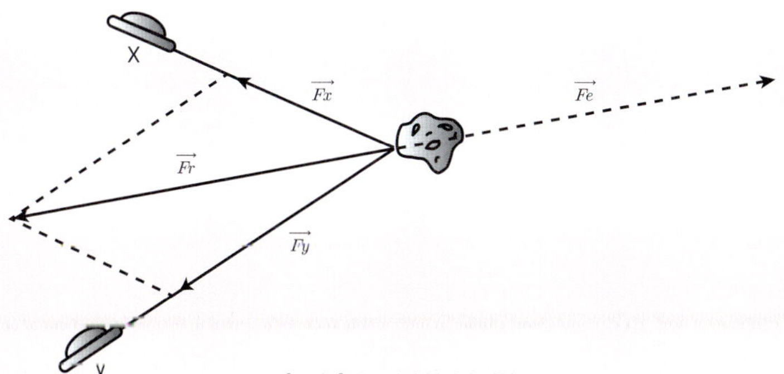

[그림 1] 우주선의 합력과 평형

<도식법에 의한 벡터 합성>

[그림 2-1]과 같은 OA와 OB의 합을 구해 보자. 이들의 벡터 합 또는 합력 $\vec{R}$ 은 [그림 2-2]와 같이 두 벡터를 한 쌍의 변으로 하는 평행사변형을 그려서 두 벡터가 만나는 점으로부터 평행사변형의 대각선을 그림으로써 구한다. 이 대각선 벡터의 합으로 합력의 크기와 방향을 나타낸다.

두 개 이상의 벡터들의 합력을 구할 때는 다각형법을 이용하는데, 이것을 [그림 2-3]에서 보여 주고 있다. 처음에 벡터 $\vec{A}$의 화살표 끝에서 벡터 $\vec{B}$를 그린다. 그리고 벡터 $\vec{B}$의 화살표 끝에서 다시 벡터 $\vec{C}$를 그렸을 때 벡터 $\vec{A}$의 시작점으로부터 벡터 $\vec{C}$의 끝을 연결한 벡터 $\vec{R}$은 벡터 $\vec{A}$, $\vec{B}$, $\vec{C}$의 합이 된다. 같은 방법으로 여러 벡터들의 합을 구할 수 있다.

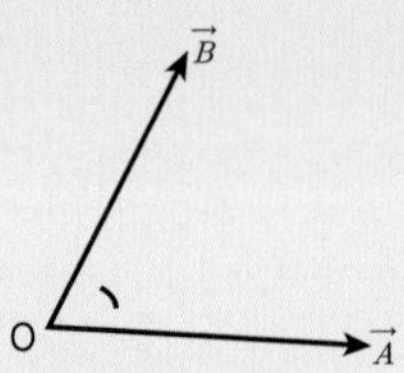

[그림 2-1]

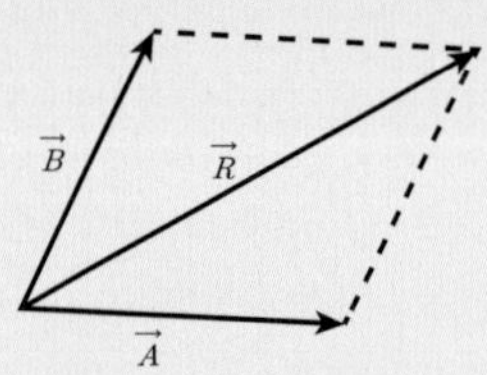

[그림 2-2]

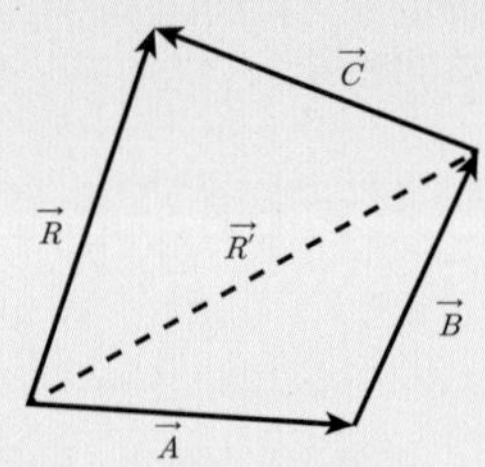

[그림 2-3]

<해석법에 의한 합성>

두 벡터의 합은 sine과 cosine의 삼각법칙을 이용하여 해석적으로 구할 수 있다. [그림 3]과 같은 두 벡터 $\vec{A}$와 $\vec{B}$를 생각하자. 이 그림에서 합력 의 크기는 다음과 같은 식으로 구할 수 있다.

$$|\vec{R}| = \sqrt{|\vec{A}|^2 + |\vec{B}|^2 + 2|\vec{A}||\vec{B}|\cos\theta} \qquad \text{(수식 1)}$$

여기서 θ는 벡터 $\vec{A}$와 벡터 $\vec{B}$의 사이 각도이다.

이 때 각 ∅는

$$\tan\varnothing = \frac{|\vec{B}|sin\theta}{|\vec{A}|+|\vec{B}|cos\theta}$$

가 된다. 힘 $\vec{A}$, $\vec{B}$와 또 하나의 힘 $\vec{C}$가 평형을 이루기 위해서는 힘 $\vec{A}$, $\vec{B}$의 합력 $\vec{R}$과 크기가 같고 방향이 반대인 힘 $\vec{C}$를 작용시키면 된다.

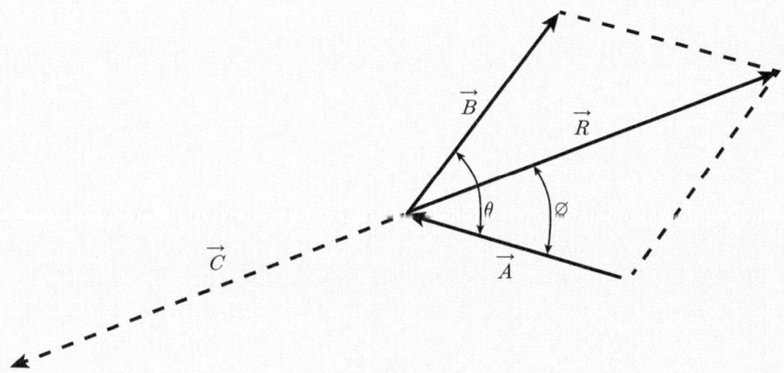

[그림 3] 힘의 벡터 합성

3. 실험 기구

- 실험 판 - 용수철저울
- 각도기 - 포스 링
- 도르래 (3) - 질량 걸이 (3)
- 질량 추 - 끈

4. 실험 방법

1) [그림 4]처럼 알고 있는 힘 $\vec{F_1}$과 $\vec{F_2}$가 포스 링을 잡아당기도록 도르래와 질량 추를 사용해 장비를 설치하고 정지판을 이용해 포스 링이 가속되지 않게 한다.
2) $\vec{F_2}$의 크기를 결정하기 위해 용수철저울을 보정해야 한다. 용수철저울은 힘의 작용선과 평행을 이루도록 설치한다. 도르래를 이용하여 용수철에 전달되는 힘을 원하는 방향으로 바꿀 수 있다. 힘의 크기를 변화시키기 위해 용수철저울을 도르래로부터 멀리 또는 가까이 움직인다. 고정핀이 포스 링의 중심에 놓이도록 도르래와 용수철저울을 조정한다.
3) $\vec{F_1}$, $\vec{F_2}$, $\vec{F_3}$의 크기를 N 단위로 기록한다. 각도 θ_1, θ_2, θ_e를 측정하여 기록한다.

4) $\vec{F_1}$, $\vec{F_2}$, $\vec{F_3}$를 종이에 그려 본다. 각도는 실제 측정치와 같게 그린다.

5) 평행사변형법을 이용하여 $\vec{F_1}$과 $\vec{F_2}$의 합력 $\vec{F_r}$을 표시한다.

6) 평형력 벡터 $\vec{F_e}$가 합력 벡터 $\vec{F_r}$과 정확히 균형을 이루는지 확인한다.

7) $\vec{F_1}$과 $\vec{F_2}$의 크기와 방향을 바꾸어 실험을 반복한다.

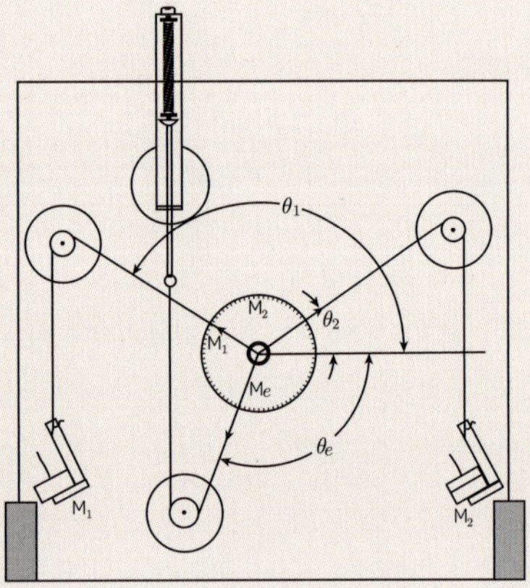

[그림 4] 합력에 의한 평형력 찾기

5. 실험 결과

1) 측정값

* 용수철 상수 k = 24.5 N/m

<표 1> 방향에 따른 힘의 크기

	$m_1(g)$	$m_2(g)$	θ_1	θ_2	θ_e	$x(mm)$
1	75	105	130°	26°	255°	20
2	55	125	150°	36°	242°	42

2) 계산 과정 (중력가속도 g=9.81$\mathrm{m/s^2}$)

<표 2> 합력 구하기					
	$F_1 = m_1 g(\mathrm{N})$	$F_2 = m_2 g(\mathrm{N})$	F_e		%오차
			측정값 ($F_e = kx$)	계산값 (수식 1)	
1	0.735	1.029	0.491	0.489	0.4
2	0.539	1.225	1.030	1.120	8.0

6. 결과 해석

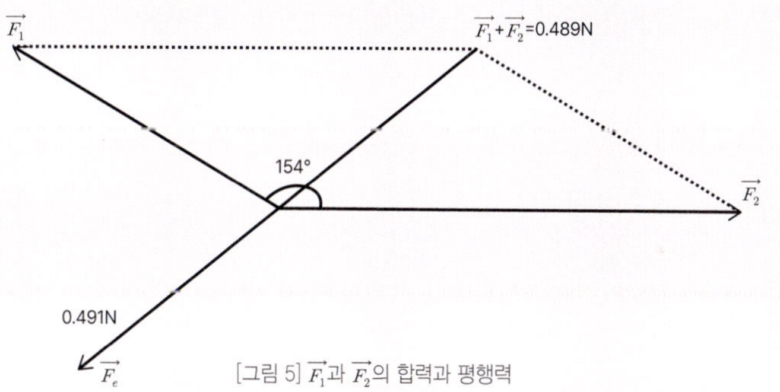

[그림 5] $\vec{F_1}$과 $\vec{F_2}$의 합력과 평형력

$\vec{F_1}$과 $\vec{F_2}$의 합력과 크기가 같고 방향이 반대인 힘 $\vec{F_e}$를 가한다.

7. 토의

오차의 원인은 도르래에 마찰이 존재하고 추를 제대로 관리하지 못해 녹이 묻어 무게가 변해서 생겼다. 용수철이 늘어난 것도 오차의 원인이다.

활동

1. 위의 실험 보고서를 읽고 아래의 활동을 해 보자.

1) 위의 글을 '예비 보고서'와 '결과 보고서'로 나누어 보자.

2) '실험 결과'에서 작성한 두 개의 표를 종합하여 하나의 표로 나타내면 다음 <보기>와 같다. 본문에 제시된 표와 <보기>의 표를 비교해 보고, 각각의 장단점에 대해 이야기해 보자.

<보기>

* 용수철 상수 k = 24.525 N/m

<표> 합력과 평행력

횟수	F_1 $(=m_1g)$	F_2 $(=m_2g)$	θ_1	θ_2	θ_e	F_e 측정값 $(F_e=kx)$	F_e 계산값 (수식 1)	% 오차
1	0.735	1.029	130°	26°	255°	0.491	0.489	0.4
2	0.539	1.225	150°	36°	242°	1.030	1.120	8.0

3) '실험 목적'과의 관련성을 고려하면서 '결과 해석'을 다시 써 보자.

4)'토의' 부분을 정확하고 자연스러운 문장으로 수정하고, 여기에 보충할 수 있는 내용은 무엇인지 이야기해 보자.

활동

2. 아래 예문은 「빛의 굴절」에 관한 실험 보고서의 '기본 원리' 중 일부분이다. 이 부분에서 부정확한 용어가 사용되거나 문장 성분이 호응을 이루지 않아 의미 전달이 어려워진 문장들을 찾아보고, 의미가 명확하게 전달되도록 다시 써 보자.

예) 빛은 한 매질에서 다른 매질로 입사할 때 매질의 경계면에서 진행 경로가 다르게 나타난다. 이것을 빛의 굴절이라 하며 굴절률이 다른 두 매질의 빛의 속도가 서로 다르기 때문에 나타나는 현상이다. 이때 진공 중에서 빛의 속도를 c라 하고 매질의 굴절률을 n이라 하면 매질 내에 빛의 속도는 $\frac{c}{n}$라 할 수 있다. 굴절 현상이 작용할 때 입사광선과 법선이 이루는 각을 입사각 i라 하고 법선과 굴절광선이 이루는 각을 굴절각 r이리고 한다.

* 법선: 평면상의 곡선 위에 있는 임의의 점의 접선에 수직이 되는 직선

활동

3. 「알카셀처를 이용한 POP 실험」을 하고 실험 보고서를 쓰려고 한다. 실험에 사용한 알카셀처는 제산제의 일종으로 물에 넣으면 이산화탄소를 발생시킨다. 필름통에 약간의 증류수를 담아 알카셀처를 넣고 뚜껑을 닫으면, 알카셀처가 물에 녹아서 그 속에 들어 있던 산과 염기가 반응한다. 이때 발생하는 이산화탄소가 필름통 안에 차서 점차 압력을 높이게 되고, 압력을 더 이상 견디지 못하면 뚜껑이 'POP' 하고 열리게 된다. (박성혜·강성주·장은경, 「동료 검토 활동이 실험 보고서의 질적 변화에 미치는 영향」, 『한국과학교육학회지』 30-8, 2010, 12. 참조.) 이 실험을 직접 수행했다고 가정하고 다음의 활동을 해 보자.

1) '증류수의 온도 변화에 따른 POP UP 시간'을 측정하는 실험에서 얻은 결과로 아래와 같은 그래프를 작성했다. 이 그래프를 간략히 한 문장으로 서술해 보자.

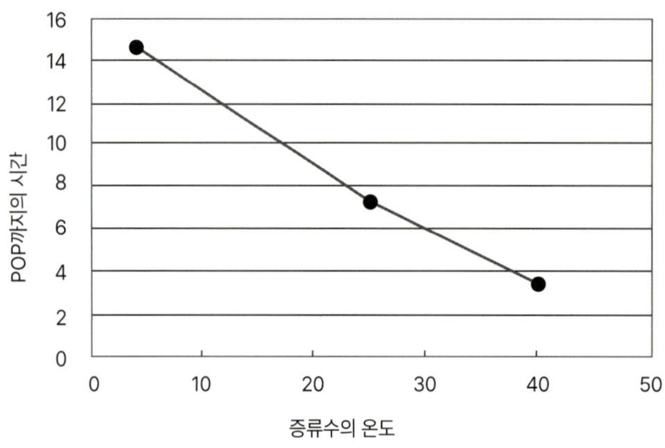

[그림 1] 증류수의 온도에 따른 POP UP 시간

2) '증류수의 부피에 따른 POP UP 시간'을 측정하는 두 차례의 실험을 수행하여 아래의 그래프와 같은 결과를 얻었다. 이 그래프를 바탕으로 '실험 결과'를 기술하고 '해석' 및 '토의' 부분에 언급할 내용을 정리해 보자.

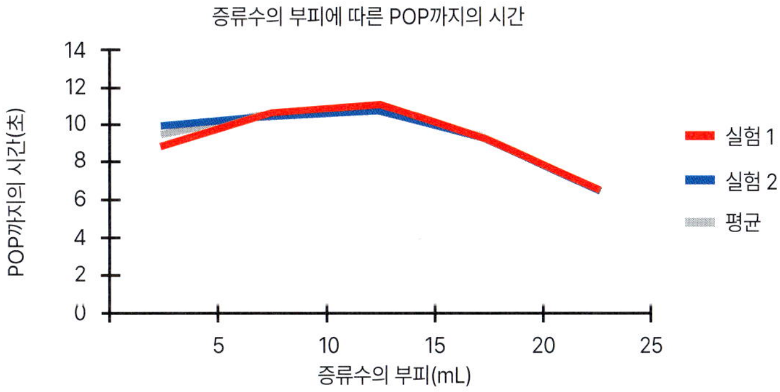

[그림 2] 증류수의 부피에 따른 POP UP 시간

실험 결과 : ______________________________

____

결과 해석 : ______________________________

____

____

____

토의 : ______________________________

____

____

02 서 평

서평의 개념과 사회적 기능

서평(book review)이란 주로 새로 출간된 서적을 대상으로 하여 그 내용과 성격 등을 소개하고 읽을 만한 가치가 있는 책인지를 평가하여 독자가 책을 선택하는 데 도움을 주는 글이다. 서평은 개인적인 감상문의 영역을 넘어 책과 독자를 매개하고 연결하는 사회적 기능을 담당한다. 서평은 넓은 의미의 평론에 포함되나, 출판시장의 확대와 독서대중의 요구라는 특수한 상황을 반영하며 특히 활발하게 생산되고 있다. 최근에는 인터넷 문화의 발달로 전문가와 비전문가의 경계가 해체되면서 독자들 스스로가 쓴 서평이 큰 영향력을 미치고 있다. 블로그 등을 통해 인터넷 공간에서 서평을 전문적으로 다루는 프로 앰(Pro-Am: '프로'와 '아마추어'의 합성어로 제도적인 전문가는 아니지만 그 못지않은 역량을 갖춘 사람들을 가리킴)도 등장했다.

서평의 내용적 특징

ㄱ. 독자가 대상 서적에 관심을 가질 수 있도록 서술한다.

서평에는 독자가 대상 서적에 관심과 흥미를 갖게 하는 다양한 방법들이 활용된다. 무수히 쏟아져 나오는 책들 가운데 이 책을 서평 대상으로 선택한 이유는 무엇인지, 독자가 이 책에 주목해야 할 이유가 있다면 무엇인지 등을 서술하는 경우도 많다. 특히 잘 알려지지 않은 신간이나 제대로 평가받지 못하고 묻혀 있는 책을 다룰 때, 독자의 관심을 이끌어 내는 일은 더욱 중요해진다. 독자가 흥미를 느낄 만한 화제와 텍스트들을 선택하여 대상 서적과 관련짓거나 비교하여 서술하는 방식도 흔히 사용된다.

ㄴ. 책의 내용을 단순히 요약하는 데 머무르지 않고 그 속에 반영된 저자의 생각을 필자의 관점에서 해석한다.

서평 안에 종종 내용 소개나 요약 부분이 포함되기는 하지만, 그것만으로는 서평이 될 수 없다. 서평의 필자는 책의 내용을 자신의 말로 설명하거나 분석하고, 그 속에 반영된 저자의 주장과 사상 등을 자신의 관점에서 해석한다. 물론 이때 책의 내용이나 저자의 생각을 왜곡하지 않는 것이 중요하다. 그러나 서평은 책에 대한 교과서적 해설이 아니라 필자 자신의 사유와 언어로 된 독자적인 글쓰기임을 기억할 필요가 있다.

ㄷ. 책의 특징이나 의의 등을 분석하고 평가한다.

서평의 필자는 대상 서적의 내용과 저자의 주장이 기존의 사유나 현재의 사회문화적 상황 등에 비추어 볼 때 어떤 의미와 가치를 지니는지를 분석하고 평가한다. 책의 종류와 성격에 따라 문체와 형식, 구성과 디자인 등의 다양한 특징들에도 주목할 수 있다. 책에 대한 평가는 이처럼 다양한 특징들에 대한 구체적인 분석을 바탕으로 이루어진다.

ㄹ. 독자가 책을 선택하는 데 도움이 될 만한 다양한 정보들을 제공한다.

이외에도 서평에는 독자가 책을 선택할 때 고려할 만한 여러 가지 정보들이 들어 있다. 저자의 생애나 독특한 이력 등이 언급되기도 하고, 번역의 수준이나 재출간 여부 등에 대한 정보가 제공되기도 한다.

좋은 서평의 요건

서평에는 정해진 형식이 따로 없다. 틀에 박힌 서평보다는 책의 장르와 성격 등에 어울리는 자유로운 형식의 서평이 더 좋다. 내용 면에서도 전문가의 견해를 그대로 따르기보다는 창조적인 독서 과정에서 나온 자신의 생각을 담는 것이 바람직하다. 그러면서도 주관적인 감상을 넘어 어느 정도 객관성을 띠는 서평의 수준에 도달하는 것이 중요하다.

좋은 서평은 대상 서적에 대한 설득력 있는 해석과 평가를 담고 있다. 해석은 대상에 대한 풍부한 의미화의 가능성을 열어 주는 행위로, 단순한 주제 찾기와는 구별된다. 좋은 서평에는 타당성이 높으면서도 참신하고 독자적인 해석이 들어 있다. 평가는 가치판단 행위인데, 책을 평가하는 데에는 다양한 기준이 적용될 수 있다. 하나의 책에 대해서도 각기 다른 평가가 공존할 수 있으나, 독자의 공감과 동의를 이끌어내는 타당성 있는 평가가 이루어져야 좋은 서평이 될 수 있다.

좋은 서평을 쓰기 위해서는 대상 서적뿐 아니라 그와 관련된 다른 책들 전반에 대한 폭넓은 이해가 필요하다. 또한 저자의 전반적인 사상이나 그가 쓴 다른 책들, 유사한 주제를 다룬 다른 저자의 책들, 해당 분야의 기존 이론과 연구 등에 대한 어느 정도의 배경지식을 갖추고 있어야 한다. 그럴 때에야 책에 담긴 저자의 주장과 사상 등을 다양한 사회문화적 맥락에서 설명하고 평가할 수 있기 때문이다.

사례

지구 멸망 피하고 싶다면? 원을 다시 닫아라
- 배리 카머너의 『원은 닫혀야 한다』(이음, 2014)

강윤재(동국대 다르마칼리지 강의초빙교수)

'환경 재앙'이라는 유령이 온 지구를 배회하고 있다. 말뿐이지 실체가 없다는 쪽과 목전에 다가왔다는 쪽이 맞서는 와중에 일반 시민들은 걱정스럽긴 하지만 '귀차니즘'과 '설마주의'에 기댄 채 어정쩡한 '포지션'을 취하고 있다. 영국의 사회학자 앤서니 기든스(Anthony Giddens)는 '기든스 패러독스'라는 현학적 표현으로 이런 현실을 포착한다. 기후변화라는 환경 재앙이 목전에 닥쳤지만 우리는 실생활에서 잘 느끼기 힘들기 때문에 미래의 큰 위험보다는 당장의 작은 이익에 매몰되어 버린다는 것이다. 그럴듯하다. 그렇지만 해결책으로 원자력을 확대하자는 그의 주장은 선뜻 이해하기 힘들다. 여우를 피하려고 호랑이굴로 들어갈 수는 없는 노릇이 아닌가!

기든스는 『원은 닫혀야 한다』(이음, 2014년 9월 펴냄)의 저자 배리 카머너(Barry Commoner)에게 배워야 한다. 카머너가 원자력을 반대했던 이유뿐만 아니라 '환경 위기'의 원인을 제대로 파악하고 해결책을 도출하려는 그의 상식적이고 합리적인 태도를 말이다. 카머너는 어린이의 젖니에서 방사능 물질 스트론튬-90을 검출해냄으로써 핵폭발 실험에서 발생한 방사능 낙진이 생태계를 온통 오염시키고 있음을 밝혀냈다. 이런 그의 노력은 1963년 부분핵실험금지조약의 체결로 이어졌다. 카머너는 원자력을 환경 파괴의 주범으로 지목한다. 원폭 실험은 물론 원자력 발전도 방사능을 자연으로 누출함으로써 생태계의 순환 고리를 회복 불가능한 상태로 만들기 때문이다. 만약 기든스가 기후변화의 원인이 생태계 순환 고리의 파괴에서 비롯되었다는 사실을 제대로 인식하고 있다면 문제를 더욱 악화시키는 원자력 발전을 그 해결책으로 제시할 수는 없었을 것이다.—3.11대참사(후쿠시마 원전 사고)와 같은 원전 사고는 물론 처치 곤란한 핵폐기물을 생각해 보라.

캐나다의 사진작가 에드워드 버틴스키(Edward Burtynsky)가 등장하는 다큐멘터리 영화 <제조된 자연의 풍경들>(manufactured landscapes)은 대량 생산, 대량 유통, 대량 소비를 축으로 삼는 현대 자본주의 시스템이 자연환경을 얼마나 대규모로 무자비하게 파괴하는가를 생생하게 보여 준다.—그렇게 파괴된 풍경이 자아내는 비경은 말 그대로 아이러니다. 이 시스템은 엄청난 양의 자연 자원을 투입 받고, 엄청난 양의 폐기물과 쓰레기를 쏟아내면서 무한 증식을 시도한다. 그렇지만 이 시스템은 닫혀 있지도 않고, 시작부터 끝까지 자연에 의존하면서도 그 모태인 자연을 파괴한다는 점에서 반(反)생태적이다.

카머너는 이 다큐멘터리가 나오기 40여 년 전에 환경 위기의 이유가 현대 과학기술 문명과 자본주의 시스템이 생태계의 순환 고리를 파괴하고 왜곡한 때문이라는 사실을 간파하고 있었다. 그런 진단 속에서 그는 명확한 해결책을 제시한다. "원은 닫혀야 한다!" 진리는 사고로 단순한 법이다.—마치 명품이 '심플한' 것처럼. 이 책이 레이첼 카슨(Rachel Carson)의 『침묵의 봄』(Silent Spring)과 함께 환경 고전으로 자리 잡고, 출간된 지 40년이 넘도록 여전히 강한 울림을 주는 까닭이다.

과학기술 문명과 자본주의 시스템이 망가뜨린 생태계 순환 고리

카머너는 말한다. 생태 위기란 생태계(카머너의 용어는 생태권)의 순환 고리가 왜곡되거나 파괴되어서 경고음이 발해지고 있는 것이다. 따라서 문제의 원인을 찾아 해결함으로써 생태계의 순환 고리를 다시 닫아야 한다. 그러기 위해서는 먼저 생태계에 대해서 제대로 알 필요가 있다. 카머너는 생태계에 대한 과학적 이해를 바탕으로 '생태학의 4법칙'을 제시한다.

제1법칙 : 모든 것은 다른 모든 것에 연결되어 있다.
제2법칙 : 모든 것은 어딘가로 가게 되어 있다.
제3법칙 : 자연에 맡겨두는 것이 가장 낫다.
제4법칙 : 공짜 점심 따위는 없다.

현재, 이 4법칙은 생태계의 구조와 작동 원리를 이해하는 초석으로 여겨진다. 사실, 인류는 오랫동안 체험적으로 이런 생태학 법칙을 지켜왔고, 그렇기 때문에 몇 차례의 소규모 문명 파괴에도 불구하고 문명을 지속해올 수 있었다. 그런데 산업화와 함께 법칙은 무시당하기 시작했고, 그 결과 우리는 환경 위기에 내몰리게 된 것이다. 현재 우리가 처한 환경 위기는 일부 지역에서 벌어지는 일시적 현상이 아니라 지구 전체에서 발생하는 항시적 현상이라는 점에서 이전의 어떤 경우와도 비교할 수 없는 것이다.

생태학의 4법칙을 부연하면, 만물은 생명 그물에 매여 있다는 시애틀 추장의 지혜를 좇아 우리의 행동은 생태계를 통해 다시 우리에게 돌려지고(제1법칙), 오염 물질이나 쓰레기는 우리 눈에 안 보이는 곳에 버린다고 결코 없어지는 것이 아니며(제2법칙), 복잡하게 얽혀 있는 자연환경은 자신의 균형을 스스로 유지하고 있는 반면 우리의 과학기술은 좁은 시야 속에서 칼을 휘두르는 선무당과 다를 바 없고(제3법칙), 우리가 누리는 물질문명의 이기는 환경 파괴라는 대가가 따르기 마련이라는 것이다(제4법칙). 현대 자본주의 시스템은 이런 생태학의 법칙을 철저히 무시하고 있다. 화석연료를 통한 이윤 추구에만 눈이 벌게 온실 기체의 위험을 제대로 보지 못하고, 소각장을 빠져나간 다이옥신은 농축을 통해 우리의 생명을 노리며, 과학기술을 발전시키면 환경 문제를 충분히 해결할 수 있다는 자만심에 빠져 있고, 생산과 개발의 이익만 챙길 뿐 환경오염이나 파괴에 대한 비용은 최대한 회피하려 한다. 이런 반생태적 시스템 속에 길들여진 우리는 생태계의 일원으로 생태계에 속해 있으며, 생태계를 벗어나선 생존을 보장받을 수 없다는 엄연한 사실을 잊은 채 자연의 지배자로 행세하면서 생태계를 좌지우지할 수 있다는 착각 속에 빠져들었던 것이다.

1968년 크리스마스이브, 달 비행에 나선 아폴로 8호는 달의 건너편에서 지구의 모습을 사진으로 담는다. 그 사진 속에서 지구는 막 어둠을 뚫고 솟구쳐 오르고 있었다.—'지구돋이(earth-rising)'! 그 한 장의 사진은 인류에게 일종의 충격을 안겨주었다. 무한한 줄로만 알았던 지구가 사실은 우주의 조그만 외로운 별에 불과하다는 사실을 '눈'으로 직접 확인했기 때문이다. 아마도 환경 위기라는 유령의 출현은 이 사진과 무관하지 않을 것이다. 또한, 1970년 4월 22일에 열렸던 '지구의 날(Earth's Day)' 행사도 마찬가지일 것이다. 지구는 우리의 탐욕과 악행까지도 모두 품어줄 수 있는 너른 품이 아니라 지키고 보호하지 않으면 결국에 파괴되고 말 '숲'에 불과하다. 그러니 우리가 나서서 국립공원을 지키듯, 지구를 지켜야 한다!

물과 전기를 아껴 쓰고, 자전거를 타고 다니는 실천이 제 몫을 다하려면 환경 위기의 원인을 제대로 진단할 필요가 있다. 환경 위기에 대한 잘못된 이해는 자신의 입맛에 맞는 자의적 해석만큼이나 해결에 도움을 줄 수 없기 때문이다. (중략)

환경 위기와 사회 문제는 동떨어진 것이 아니다

카머너의 문제의식은 대기, 토양, 호수와 바다를 둘러싼 생태계의 파괴 현상에 머물지 않고, 생태계 속에서 인간의 지위를 묻고 나서 과학기술의 역할을 비판적으로 검토하는 데까지 나아가고 있다. 이는 현대 문명이 과학기술에 기반을 두고 있다는 점에서, 과학기술은 문제의 원인을 제공할 뿐만 아니라 그 해결책을 제시해줄 수도 있다는 기대에 비춰볼 때 당연한 것이라 할 수 있다. 그렇지만, 여기에는 카머너가 생물학 교수로서 현역 과학자였다는 점이 크게 작용한다고 볼 수 있다. 비판적 과학자로서 과학의 장점은 물론 단점과 한계도 체득하고 있기 때문에 과학기술에 대해 비판을 꺼리는 사회과학자들과는 달리 '직설적으로' 과학기술의 문제를 꺼낼 수 있었던 것이다.

카머너는 현대 과학의 한계를 직시한다. 생태계는 너무 복잡한데 반해, 과학은 세분화되고 전문화된 나머지 복잡한 생태계의 원리를 알아내는 데 취약하다. 과학은 그 편협한 시야로 위험하기조차 하다. 가령, 플라스틱과 살충제 등 현대의 많은 문명의 이기는 유기화학의 성과물이라 할 수 있는데, 많은 유기화학 물질은 자연 상태에서는 존재한 적이 없는 것들이다. 이런 물질들이 생태계에 나왔을 때 생태계의 순환고리를 왜곡할 가능성은 매우 크지만 과학자들은 신중을 기하지 않은 채 새로운 화학합성 물질을 만들어냄으로써 환경 위기를 자초하고 있다. 기술도 마찬가지이다. 현대 사회는 모든 문제를 기술적으로 해결하려는 경향이 매우 강하다. 한때, 핵폐기물을 우주선에 실어서 우주 밖으로 날려 보내는 수단이 강구되었을 정도다. 이런 경향성은 기술적 의존도만 높일 뿐 생태 문제의 해결책으로 큰 도움을 주지 못한다. 기술적 해결책은 특정한 문제의 해결에 집중될 뿐 생태계 전체의 그물망을 고려하지 않는 경우가 대부분이기 때문이다. 가령, 하수 처리 기술의 경우 유기물질로 인한 하수의 산소요구량을 감소시키는 데만 집중한 나머지 하수 처리된 무기물질의 비료 효과를 놓치고, 이는 결국 하수 처리 기술을 무효화하고 만다.

카머너는 환경 문제를 해결하는 데 과학기술이 크게 기여할 수 있음에도 주목한다. 이와 관련하여 데이비드 헤스(David Hess)의 '실행되지 않은 과학(undone science)'이라는 개념은 시사하는 바가 크다. 체계적으로 무시되고 연구되지 않은 과학 주제, 영역 또는 분야가 존재한다는 헤스의 주장은 카머너의 문제의식에 가닿는다. 생태계의 4법칙을 충분히 고려한 과학기술 활동은 생태계에 대한 건전한 과학지식은 물론 생태계와 지속 가능하게 공존하는 것을 보장하는 해결책을 제시해줄 것이다. 이런 가운데서도, 우리는 수많은 과학자들이 양심적 활동에 적극적으로 참여하고 있음을 알고 있다. 카머너는 부분핵실험금지조약에 앞장섰던 라이너스 폴링(Linus Pauling)과 공공 정보를 위한 과학자 위원회 소속 과학자들, 신경가스 폐기에 앞장섰던 세인트루이스 환경정보위원회 소속 과학자들, 생화학 무기 폐기에 앞장섰던 과학자들, DDT 위험을 경고한 레이첼 카슨 등을 대표적 예로 꼽으며, 더 많은 과학자들이 환경 문제 해결에 더 적극적으로 나서줄 것으로 기대한다.

카머너는 문제의식의 지평을 넓혀서 환경 문제란 환경 자체에 머무는 것이 아니라 사회 문제와 맺은 관련성을 파악할 때 비로소 그 본질이 분명해진다고 봤다. 따라서 해결책도 단순한 모성애의 회복과 같은 추상적 차원이 아니라 사회정의의 추구라는 근본적 차원에서 찾을 필요가 있다고 본다. 미국에서 환경 정의 운동은 1980년대에 시작되어 1990년대에 본격화되었다는 점을 고려할 때, 카머너의 문제의식은 아직 초보적 수준이기는 하지만 미국 환경 정의 운동의 맥에 가닿고 있다고 볼 수 있다. 그는 이 책에서 인종과 환경의 문제, 빈곤과 환경의 문제에 대한 분명한 문제의식을 바탕으로 정의로운 해결책을 고민할 필요성을 요구하고 있다. 이런 까닭에 카머너는 각성한 시민들의 적극적 참여와 함께 환경 위기를 해결하기 위해서는 빈곤, 인종차별, 전쟁과 같은 사회적 문제 해결에 대한 노력도 동반되어야 한다고 주장한다.

원을 다시 닫으려면? 생태계와 조화로운 관계 맺고 사회 혁신에 앞장서야

카머너는 카슨과 함께 근대 생태학의 창시자로 손꼽힌다. 러시아에서 미국으로 이민 온 유대인 부모의 자식으로, 뉴욕 브루클린에서 태어나서 뉴욕 맨해튼에서 숨을 거뒀다. 그는 생물학자로서 과학-환경운동은 물론 시민-사회운동에도 적극 참여했고, 적지 않은 성과를 거뒀다. 그 결과, 1970년 지구의 날 행사를 앞두고 환경 운동의 대표적 인물로 『타임』 2월호의 표지에 실리기도 했다. 한편, 그는 1950년대에 핵폭발 실험 반대에 앞장섰고, 1958년에는 세인트루이스 핵정보위원회의 창설을 도왔다. 그리고 관련 위원회의 소식지 『핵 정보』(Nuclear Information)의 발간을 주도했는데, 이 소식지는 현재 환경에 관한 권위 있는 학술지인 『환경』(Environment)으로 발전했다.

카머너의 이 책은 『침묵의 봄』과 함께 환경 또는 생태학의 고전으로 손꼽힌다. 『침묵의 봄』이 살충제와 DDT의 위험을 구체적인 과학적 증거를 들어 다룸으로써 생태계 파괴와 복수에 대한 경각심을 일깨워 주고 있다면, 이 책은 생태계의 작동 원리를 기초로 환경 위기의 원인을 체계적으로 분석하고 그에 기초하여 해결책을 제시하고 있다. 『침묵의 봄』이 출간된 지 9년 후에 이 책이 나왔다는 점을 고려할 때, 『침묵의 봄』이 제기한 문제의식을 이 책이 더욱 심화·확대했을 것이라는 기대는 자연스러운 것이다. 생태학의 4법칙은 그런 기대를 충족시키기에 충분하다. 또한, 카머너는 지속 가능성의 개념을 제시한 것으로 유명한데, 이는 인류가 생태계와 조화로운 관계를 맺는 것뿐만 아니라 사회 혁신에 앞장설 때 비로소 원을 다시 닫을 수 있다는 그의 해결책으로 구체화되었다.

사실, 이 책은 1980년에 국내에 이미 번역되어 소개된 바 있다. 그러니까 국내에선 34년 만에 재번역되어 출간된 셈이다. 이 책의 비중을 고려했을 때, 새롭게 번역되어 나온 것은 충분히 환영받을 만한 일이다. 책을 번역해 본 사람으로서, 이 책의 번역도 매우 잘되어 있다고 본다. 쉬운 말로 내용을 매우 정확하게 이해할 수 있도록 번역되어 있으며, 문장도 훌륭해서 읽기에도 매우 좋다.

- ≪프레시안≫, 2014. 10. 17.

(http://www.pressian.com/news/article.html?no=121008)

활동

1. 위에 제시한 서평을 읽고 아래의 활동을 해 보자.

1) 이 서평을 토대로 하여 환경문제에 대한 배리 카머너의 핵심 주장은 무엇인지 정리해 보자.

2) 필자는 서평의 서두에서 "기후변화라는 환경 재앙이 목전에 닥쳤지만 우리는 실생활에서 잘 느끼기 힘들기 때문에 미래의 큰 위험보다는 당장의 이익에 매몰되어 버린다"는 앤서니 기든스의 '기든스 패러독스'에 대해 언급한다. 필자가 이렇게 이 글을 시작한 이유와 그 효과는 무엇인지 이야기해 보자.

3) 이 책을 레이첼 카슨의 『침묵의 봄』과 비교하며 서술한 필자의 의도는 무엇인지 생각해 보자.

4) 윗글에 나타난 서평의 특징들은 무엇이고, 그 중 가장 인상적인 것은 무엇인지 이야기해 보자.

5) 필자는 이 책에 반영된 배리 카머너의 관점을 어떻게 평가하고 있으며, 그 이유는 무엇인지 생각해 보자.

6) 환경 문제에 대한 배리 카머너의 주장과 이를 평가하는 필자의 관점에 대한 자신의 생각은 어떠한지 이야기해 보자.

활동

2. 최근에는 웹진과 블로그 등을 중심으로, 개인적인 감상을 자유롭게 포함하는 좀 더 가벼운 서평들이 많이 나오고 있다. 자기계발서이자 인문서인 『노력의 기쁨과 슬픔』에 관한 서평을 읽고 아래의 활동을 해 보자.

애씀이 과도한 나를 위한 편지
— 올리비에 푸리올의 『노력의 기쁨과 슬픔』(조윤진 옮김, 다른, 2021)

산수화(웹진 ≪아트인사이트≫ 에디터)

애씀의 성질

잘하려고 애쓰다 오히려 일을 그르치는 경우가 있다. 결과를 내기 위한 과한 집중과 에너지가 뇌를 소진하고 몸을 무력하게 만든다. 상상 속 시뮬레이션은 시작도 전에 두려움을 끼얹고, 발걸음을 떼지 못하게 한다. 생각에 에너지를 몽땅 빼앗긴 이는 내면의 악마와 거래를 시작한다. 바닥에 누워 안 봐도 그만인 핸드폰 화면을 들여다보며 깊게 한숨 쉰다. "아…. 나 질실고 있는 걸까?" 생각과 행동의 괴리감을 직관적으로 깨닫고 이내 상심한다. 지나친 노력은 나를 어느 순간 가로막았다.

『노력의 기쁨과 슬픔』의 저자가 전하고자 하는 말은 '노력하지 말라'는 메시지가 아니다. 최선을 다해 살아가는 태도가 잘못됐다는 것은 더욱 아니다. 당신이 지금보다 조금만 덜 애쓰고 노력을 '편안하게' 생각할 때, 덜 상처받고 더욱 만족스러운 결과를 얻을 수도 있다고 제안한다.

> *사람들은 좋은 결과를 얻으려면 엄청난 노력을 들여야 한다고 생각한다. 아름다워지기 위해 기꺼이 고통을 감수하고, 다른 사람을 유혹할 때든 피아노나 테니스를 배울 때든 외국어를 배울 때든 모든 일에 최선을 다하려고 애쓴다. 심지어 심리 상담가들조차 '자신에게 몰두하는 법'에 대해 조언하는 형편이다. 우리는 젊은 나이에 모든 것을 갖추어야 한다고, 노력은 배신하지 않는다고, 아무것도 안 하면 아무것도 될 수 없다고 배워왔기 때문이다. 하지만 확신하건대, 우리에겐 그와 정반대의 태도가 필요하다. (7·8면)*

이 책을 읽고 소개하고 싶었던 이유도 '노력은 배신하지 않는다'라고 배워온 내가 이 말에 반기를 들고 싶었기 때문인지도 모른다. 위로를 받고 싶었을지도 모르겠다. 노력의 '성질'에 관해 다시 재정의하고, 나를 설득하고 싶었을 것이다. 스스로 몰아붙이는(나와 같은) 성격의 유형은 이 책이 주는 메시지가 처음엔 역설적이라고 생각할 수도 있다. '애씀'은 오랜 습관이다. 자신을 상처 내고, 몰아붙여 생긴 극심한 압박이 오히려 '잘하고 있다'는 체감으로 다가온다. 결과로 다가섰을 때 얻는 칭찬, 성과, 물질 등의 그 어떤 것을 느끼며 긴장이 '탁!'하고 풀리는 그런 허탈감이 성취의 실체라고 생각했다. '설렁설렁'해서 흡족하게 손에 쥔 무언가는 내 것이 될 수 없다는 생각이 지배했으니까.

그런데 그 '애씀'을 찬찬히 펼쳐놓고 들여다본다. 그 속에는 어떤 것들이 섞여 있었나? '행동'뿐만 아니라 그 속에는 '걱정', '두려움'이라는 없어도 그만인 감정이 뒤섞여 있다. 결과를 내기 위한 실제 행동의 비중은 얼마나 컸을까. 나는 주로 그 감정과 행동의 총집합을 '애씀'이라고 부르고 있다. 이 책을 읽고 있으면 어렵지만 좋았다. 나에게 쓰는 처방전 같았으니까. 이 책은 열 개의 목차로 구성돼 있으며, 애쓰지 않고 자연스럽게 결과에 이르는 방법론 혹은 깨우침에 관하여 자세히 소개하고 있다.

계획의 무용함과 행동의 찬란함

뛰어들어야만 보이는 세상이 있다. 백 권의 책을 읽어도 직접 행하는 과정은 다르다. 배운 대로 진행된다면 우리는 진작에 무수한 성공을 일궈냈을 테니까. 우리가 결과에 이르는 과정은 변수가 너무나도 많아 실시간으로 변경된다. 당신이 가장 최근에 했던 노력은 무엇인가? 취업 준비? 사업? 업무? 체중 감량? 언어 공부? 노력의 지난날을 면밀히 살펴봤을 때 세워논 계획이 한 치의 오차도 없이, 아무런 방해도 없이 순조롭게 진행된 경험이 당신에게 단 한 번이라도 있었을까?

이 사실을 최근에서야 깨닫고 난 꽤 충격을 받았다. 무수한 계획을 세워왔고 그 계획 속에서 만족감과 자신감을 얻었지만, 계획대로 순조롭게 무언가 얻어본 적이 단 한 번도 없었다! 행동 앞에 오는 수많은 계획의 시간이 사실 무용했다. 한 예능프로그램에서 유재석 씨와 장기하 씨가 대화하는 장면이 인상 깊었다. 두 분은 인생에 큰 목표가 없다며 그저 지금 주어진 상황에 최선을 다한다고 말했다. 나는 이 말을 처음 들었을 때 이해되지 않았다. '사람이 어떻게 원대한 인생의 목표도 없이 살 수 있지? 많은 것을 이룬 두 분이니 가능하지 않을까?'라는 생각도 했다.

그런데 나를 곱씹어 보니 그랬다. 계획대로 된 적이 단 한 번도 없었다. 뭐든지 계획한 대로 된다면 그건 시나리오대로 만들어지는 드라마지, 현실이 아니다. 아니면 그건 내가 목표로 삼을 만큼 어려운 일이 아닌 것이다. 오히려 행동을 시작했을 때 얻는 큰 깨달음이 더욱 찬란했다. 해보니 보이는 것들, 알게 된 새로운 경로, 방법, 즐거움 같은 것이 나를 결과에 빠르게 다가가도록 만들었다.

그들에게 행동의 즐거움은 예상치 못한 것을 발견하는 데 있다. 행동해야만 알 수 있는 무언가(올라보지 않은 등산 코스를 발견하는 일이라든가)와 행동하면서 알게 되는 자신의 모습(용기나 두려움 같은 가치)을 발견하며 즐거움을 느끼는 것이다. 행동을 하면 그 행동의 결과에 우리 자신이 가장 먼저 놀라기 마련이다. 이것이 수동적으로 머물라는 의미는 아니다. 스스로에게 일어나고 있는 일에 주의를 기울이면, 바람과 파도에 따라 진로를 수정하는 선원처럼 나 자신의 경로를 수정하고 새로운 결정을 내릴 수 있다. (53면)

'목표, 발사, 조준'
일단 발사한다. 그리고 조준한다. 어쩌면 가장 완벽한 실패법이라고 보이는 이 순서가 사실 우리의 삶엔 정답일지도 모르겠다. 계획대로 되는 건 진실로 단 하나도 없다. 내일 갑작스러운 비가 와서, 갑자기 예상치 못한 사고가 나서, 갑자기 먼 친구가 찾아와 당신이 세워났던 계획이 증발해버려도 받아들여야 한다. 이것이 우리의 삶의 실체니까. 계획 없이 사는 삶이 불안하다면, 행동 없이 사는 삶은 비참하다. 우리는 행동함으로써 끝내 길을 직시할 수 있고, 두려움은 이윽고 걷히게 된다.

이완이 애씀이 되지 않기를

있지, 바네사, 어떤 목표는 간접적인 방법으로만 달성할 수 있어. 네가 종일 바칼로레아 시험만 생각한다고 해보자. 그러면 막상 시험 날이 되었을 때 너무 긴장해서 실력 발휘를 못할 거야. 어떤 목적에 너무 얽매여 있으면 오히려 달성하지 못할 확률이 더 크다는 얘기야. (207면)

이처럼 저자는 모든 문장에서 과한 생각과 목표, 경직된 노력보다는 어느 상황에서든 편안한 노력을 하며 앞으로 나아가라 말한다. 사실 이 책을 다 읽고 덮어도 이렇게 되기란 쉽지 않을 것이다. 부드러운 사고와 태도가 세월이 흘러 연륜과 함께 따라올지 몰라도, 당장 이런 상태로 만들기 위해 다시 과한 '애씀'을 해야 할지도 모르겠다. 우리는 어떤 노력을 할 수 있을까? 저자는 이완된 몸이 긴장한 몸보다 더 많은 에너지를 갖고 있다고 설명한다. 휴식과 자신만의 편안한 자세를 만들어가라는 메시지다.

애쓰지 말라는 말보다, 목표와 행동보다, 이완과 휴식이라는 단어가 내겐 더욱더 어렵다. 나의 휴식은 대체로 제풀에 지쳐 쓰러지거나, 엉망진창인 순간으로 여겨지기 때문이다. 내가 얼마나 급발진과 쓰러짐의 순환 속에서 살아왔는지 휴식이라는 단어가 주는 감정과 형상을 떠올리며 다시금 깨닫는다. 부드럽고 느슨하고 자연스러운 노력. 이 책을 읽고 소개하고 있는 지금 나 역시도 어렵게 느껴지지만, 적어도 이 말이 무엇인지는 안다. 그리고 이와 반대되는 노력이 얼마나 행복을 빼앗아 가는지도 안다. 인생이라는 파도를 좀 더 유연하게 탈 수 있는 사람이 된다면, 멋진 하늘과 바다를 보드 위에서 마음껏 볼 수 있겠지. 나, 조금 더 편안해지고 싶다.

— ≪아트인사이트≫, 2021. 5. 29.
(https://www.artinsight.co.kr/news/view.php?no=54158)

1) 개인적인 경험과 감상이 들어 있는 이 글이 서평이라고 할 수 있는 이유는 무엇인지 생각해 보자.

2) 이와 같은 성격을 지닌 서평의 장단점은 무엇인지에 대해 각자의 생각을 이야기해 보자.

활동

3. 각자 마음에 드는 책을 선택하여 서평을 쓴다고 생각하고, 아래의 표를 활용하여 서평의 내용을 구상해 보자.

책 제목	
서평 제목	
책 또는 저자에 대한 정보	
책의 핵심 내용 또는 저자의 중심 생각	
책의 핵심 내용에 대한 자신의 생각	
책에 대한 자신의 평가	

03 칼럼

칼럼이란?

칼럼(column)이란 신문이나 잡지 등에서 시사성 있는 문제나 사회적인 관심거리 등을 평하는 비교적 짧은 글을 가리키는 말이다. 칼럼의 분량은 수록 매체에 따라 원고지 4~5매 가량부터 10여 매 이상까지 다양하다.

칼럼의 분야

칼럼은 분야별로 인문, 사회, 예술, 시사, 정치, 경제, 문화, 과학 칼럼 등으로 나뉜다. 최근에는 영화, 책, TV, 만화, 건축, 여행, 의학, 심리, 음식, 연애, 패션, 미용, 스포츠, 자기 계발 코칭 등 칼럼의 분야가 점점 더 세분화되며 다양해지고 있다.

'나무 칼럼니스트', '야구 칼럼니스트', '재즈 칼럼니스트' 등 한 분야 안에서도 특정 주제만을 택하여 글을 쓰는 사람도 있다. 그런가 하면 영화, 대중음악, TV, 만화 등 대중문화 전반을 대상으로 하는 칼럼도 있고, 기계와 과학 분야의 전문 지식을 인문학적 관점으로 풀어내는 융합 스타일의 칼럼도 있다. 칼럼의 분야는 무궁무진하며, 사회문화적 분위기와 관심사의 변화에 따라 새로운 분야들이 계속 생겨날 수 있다.

수록 매체에 따른 칼럼의 성격

칼럼의 성격은 수록 매체에 따라 달라진다. 신문 칼럼은 비교적 분량이 짧고 사회성과 시의성이 강한 편이며 간결한 문체와 선명한 내용으로 이루어져 있다. 신문 칼럼에 전문 용어를 사용할 때는 개념을 쉽게 풀어 설명하는 것이 좋다.

잡지에 수록되는 칼럼은 보다 다채롭고 자유로운 형식을 지닌다. 잡지 칼럼은 신문 칼럼에 비해 길고 시의성은 덜 강조되므로 분석적 측면이 좀 더 부각되는 경우가 많다. 과학이나 경제 경영 등 특정 분야의 전문 잡지라면 대상 독자층이 상대적으로 좁고 관심사도 뚜렷하므로, 칼럼의 성격도 독자층의 영향을 더 많이 받게 된다.

요즘에는 인쇄 매체뿐 아니라 인터넷 신문, 웹진, 블로그 등을 통해 더 다양하고 자유로운 형식과 테마의 칼럼들이 발표되고 있다. 독특한 관심사와 색다른 감각을 지닌 블로거의 칼럼이 대중적 호응을 얻게 되면, 공식 매체를 통해 연재되거나 책으로 출판되는 경우도 많다. 이외에도 인터넷 칼럼은 사진뿐 아니라 동영상과 하이퍼링크 등 멀티미디어의 특성을 활용할 수 있다는 특징이 있다.

좋은 칼럼의 요건

좋은 칼럼은 수록 매체와 독자층에 적합한 내용과 형식을 지니고 있다. 매체의 특수성과 독자의 성향을 파악하는 일은 글을 쓸 때 언제나 중요하지만, 특히 칼럼을 구상할 때에는 수록 매체와 코너명, 독자의 관심사와 배경지식 등을 분석하여 거기에 맞는 주제와 표현 방식을 선택할 필요가 있다.

칼럼의 주제는 독자의 흥미를 끄는 한편, 사회적 관심을 반영하고 이슈를 포착하여 이끌어갈 수 있는 것이어야 한다. 정지, 사회, 경제, 시사 칼럼 등은 물론이고, 고전 읽기 칼럼이나 서양 미술사 칼럼 등과 같이 대상 자체의 시사성이 두드러지지 않는 경우라도, 좋은 칼럼은 그 대상을 사회적 관심과 연결하고 현재의 삶 속에서 조명한다. 따라서 좋은 칼럼을 쓰기 위해서는 해당 분야에 대한 어느 정도의 전문성과 더불어 동시대의 사회와 삶에 대한 통찰력이 필요하다. 이 같은 통찰력이 대상을 보는 독특한 관점과 결합할 때 좋은 칼럼이 나온다고 할 수 있다.

사례

7개월 된 아기도 눈치 본다!

강석기(과학 칼럼니스트)

지구에 살고 있는 대형 유인원 7종 가운데 사람만이 지니고 있는 특징이 여럿 있지만 그 가운데 잘 알려져 있지 않는 게 눈의 공막 색깔이다. 우리가 흔히 '흰자위'라고 부르는 공막은 탁구공만한 눈알에서 홍채와 눈동자로 이뤄진 '검은자위'를 제외한 나머지 표면이다. 그런데 자세히 보면 사람을 제외한 다른 유인원들은 공막이 하얗지 않다. 즉 흰자위가 아니라는 말이다. 대체로 홍채와 구분이 잘 안 되는 짙은 갈색이다.

대형 유인원 가운데 왜 유독 사람만 공막이 흰색이고 또 눈에서 드러나는 공막의 비율이 높은가, 즉 상대적으로 눈이 큰가에 대해서는 그럴듯한 설명이 나와 있다. 공막이 흰색이면 홍채가 더 잘 드러나 상대가 어디를 바라보는지 금방 알 수 있을 뿐 아니라 감정 상태도 좀 더 쉽게 추측할 수 있기 때문이라는 것이다. 다들 알듯이 놀라거나 겁을 먹어 눈을 크게 뜰 경우 흰자위가 더 많이 보인다. 즉 흰자위는 인류가 고도의 사회생활을 할 수 있게 된 신체적 조건 가운데 하나인 셈이다.

지난 2004년 학술지 『사이언스』에는 흑백으로 얼굴의 눈 부근을 표현한 이미지를 피험자가 의식하지 못할 정도로 아주 짧은 시간 보여 줬을 때에도 뇌에서 두려움에 관여하는 부분인 편도체가 활성화된다는 사실이 기능성자기공명영상(fMRI)을 통해 규명된 논문이 실렸다. 즉 단순히 흰자위의 상대적인 비율만 커지게 한 이미지를 순간적으로 봐도 무의식적으로 뇌에서 공포 반응이 일어남을 입증한 결과다.

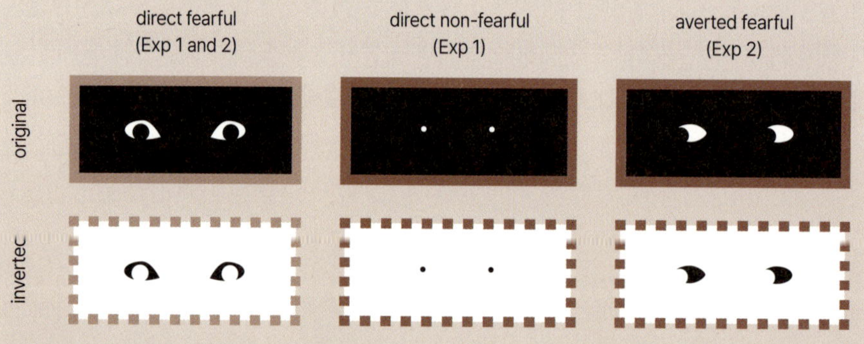

7개월 된 아기들에게 흑백으로 얼굴의 눈 부위를 클로즈업한 이미지를 순간적으로 보여주고 뇌의 활동을 분석한 결과 흰자위(공막)의 정보만으로 두려움 여부(위 왼쪽과 가운데)와 두려울 때 시선 방향(위 왼쪽과 오른쪽)을 구분한다는 사실이 밝혀졌다. 반면 흑백을 뒤집으면(아래) 뇌 활동에서 차이가 없었다. © PNAS

7개월 된 아기들에게 흑백으로 얼굴의 눈 부위를 클로즈업한 이미지를 순간적으로 보여주고 뇌의 활동을 분석한 결과 흰자위(공막)의 정보만으로 두려움 여부(위 왼쪽과 가운데)와 두려울 때 시선 방향(위 왼쪽과 오른쪽)을 구분한다는 사실이 밝혀졌다. 반면 흑백을 뒤집으면(아래) 뇌 활동에서 차이가 없었다.

학술지 『미국립과학원회보』 최근호에는 생후 7개월 된 아기에서도 비슷한 반응이 일어남을 입증하는 연구 결과가 실렸다. 독일 막스플랑크 인간인지뇌과학연구소의 사라 예센 박사와 토비아스 그로스만 박사는 아기들에게는 적용할 수 없는 fMRI 대신 뇌파를 측정해 비슷한 결과를 얻었다.

실험은 두 가지였다. 먼저 아기들에게 공포를 느끼는 눈을 50밀리초(0.05초) 보여 주거나 그렇지 않은 눈(둘은 흰자위가 차지하는 비율이 다르다)을 50밀리초 보여준 뒤 뇌파를 측정했다. 그 결과 150~250밀리초 뒤 시각정보를 처리하는 후두엽의 뇌파 활동에서 차이가 나타났다. 이어서 300~400밀리초, 400~800밀리초 뒤 전두엽의 뇌파 활동에서도 차이가 보였다. 즉 시각 정보의 일차적인 처리(후두엽)와 이차적인 처리(전두엽) 모두에서 차이가 났다는 말이다. 그러나 눈 이미지의 흑백을 뒤집어 공막을 검게 해 비교 실험을 했을 때는 이런 차이가 나타나지 않았다. 7개월 된 아기도 흰색 공막의 크기를 통해 정서에 대한 정보를 얻는다는 말이다.

다음으로는 공포를 느끼는 눈의 방향이 다를 때 뇌파의 반응에도 차이가 있는지 알아봤다. 즉 둘 다 공포를 느끼는 표정이지만 눈동자가 아기를 향할 때(이전 실험)와 옆을 향할 때 아기의 뇌에서 다르게 반응하는가 여부를 본 것. 그 결과 후두엽의 반응은 차이가 없었지만 400~800밀리초 뒤 전두엽의 뇌파는 차이를 보였다. 반면 흑백을 바꿔서 같은 실험을 했을 때는 모두 차이가 없었다.

이 연구 결과는 불과 7개월 된 아기들도 상대방 눈의 흰자위 상태를 보고(너무 짧아 의식하지 못할 정도일지라도) 즉시 뇌가 그 사람의 감정 상태나 시선을 분석할 수 있음을 입증했다. 즉 사람의 뇌는 아주 어릴 때부터 눈의 흰자위 정보를 해석할 수 있게 진화돼 있고 이런 능력 덕분에 자라서 고차원의 사회생활이 가능하게 된다는 것. 실제로 지난해 학술지 『네이처』에는 생후 2~6개월 무렵 아기들에서 이런 능력이 떨어지는 게 훗날 자폐증 진단을 예고하는 전조라는 연구 결과가 실리기도 했다.

우리는 눈치를 보는 걸 다소 비굴한 행위로 치부하는 경향이 있지만, 사실 사회에 문제를 일으키는 사람들 대다수는 남의 눈치를 보지 않고 제멋대로 행동하는 경향이 있는 것 같다. 요즘이야말로 타인의 눈을 좀 더 주의 깊게 바라보는 게 필요한 시점 아닐까.

- ≪사이언스타임즈≫, 2014. 11. 7.
(http://www.sciencetimes.co.kr/?p=130088&paged=5&post_type=news)

활동

1. 인터넷 과학 신문의 '일러스트가 있는 과학 에세이' 코너에 실린 위의 칼럼을 읽고 글의 특징과 내용에 대해 이야기해 보자.

1) 위의 칼럼이 지닌 매체적 특성은 무엇인지 정리해 보자.

2) 윗글이 과학 칼럼으로서 어떤 특징을 지니는지 생각해 보자.

3) 윗글에 담긴 과학적 정보와 이를 통해 필자가 말하고자 하는 바를 간략히 정리하고, 이에 대한 자신의 생각을 이야기해 보자.

2. 좋은 칼럼의 요건에 대해 생각하면서, 위에 제시한 칼럼을 자신의 관점에서 평가해 보자.

활동

2. 아래의 글은 스포츠 칼럼과 미술 칼럼이다. 두 편의 글을 읽고 다음의 활동을 해 보자.

예문 1 **[정윤수의 오프사이드]**

모두를 위한 스포츠클럽법이 되려면

정윤수(스포츠 평론가·성공회대 교수)

지난 21일 '스포츠클럽법' 제정안이 국회 본회의를 통과했다. 갈등관계가 첨예한 사안을 각을 세워 보도하는 스포츠 저널리즘의 속성상 이 법의 의미가 널리 알려지지는 않았는데, 한국 스포츠의 재건과 활기차고 건강한 사회문화 형성에 이 법은 큰 역할을 할 것이다.

문체부 발표에 의하면 '누구나 일상에서 편리하게 즐길 수 있는 스포츠클럽을 육성'하는 것이 이 법의 핵심이고 이렇게 되면 국민의 체육활동 참여 기회가 늘어나고 전문선수 육성의 저변도 확대되며 체육인의 일자리도 창출된다. 스포츠폭력·인권침해의 이유로 지목되는 '성적지상주의'가 완화될 수 있다. 이 정도만 해도 이 법의 제정 취지는 충분하지만 여기서 한 걸음 더 나아가야 한다.

문체부의 발표대로 '체육활동 참여 확대, 선수 저변 확대, 일자리 확대'를 목표로 하는 스포츠클럽법 제정은, 첫 단추의 역할은 할 수 있지만 이 법 하나로 '일타삼피'가 자동적으로 획득되지는 않는다. 보다 상위의, 사회 전체를 조망하는, 스포츠정책 전반을 관통하는 '스포츠기본권'의 실현까지 도모해야 한다.

정부와 학계 및 체육계가 지난 십수 년간 논의하고 추진해온 스포츠클럽은 기본적으로 스포츠를 공공재로 인식하고 그 정책과 사업에 투여되는 자원을 공공적 목적에 부합하게 하는 것을 전제로 한다. 한국스포츠정책과학원의 2017년 보고서에 따르면 자발적 회원 가입, 민주적 의사결정, 자율적 운영, 지역공동체의 결속 등이 스포츠클럽의 대전제다.

이런 전제에 의하여 스포츠클럽은 활기찬 지역공동체 형성을 위한 사회문화적 역할을 하게 된다. 이때 스포츠클럽의 활동가와 참여자들은 스포츠를 통한 사회적 활력 창출의 기획자가 되고, 학교 교과 외의 사회 교육을 담당하는 매개자가 되며, 궁극적으로 쇠퇴한 도시에 활력을 불어넣어 사회 관계망을 형성해내는 촉진자가 된다. 스포츠클럽 제정 과정에서, 정부와 스포츠계가 과연 이러한 인식과 준비를 하고 있는가. 이런 질문은 여전히 유효하다.

이렇게 강조하는 까닭은 자칫 이 법이 '건강한 사람이 더 건강해지고, 여유 있는 사람이 더 여유를 즐기는' 차원으로 그 사업 범위가 제한되고 '체육인 일자리 창출' 또한 체육인의 사회적 삶의 장기적인 지속 가능성으로 확장되지 않고 계기적이고 기능적인 결합 정도로 축소될 우려가 있기 때문이다. 만일 이렇게 제한되고 축소되면, 이 법은 특정 분야의 이권이나 이해관심사로 그 의미가 줄어들게 된다.

부산복지개발원의 2011년 보고서에 따르면, 가난한 동네가 인정이 넘치고 서로 도우며 살 것이라는 통념과 달리 부산의 '부유계층 밀집마을 가구주의 경우 취약계층 밀집마을 가구주보다 사회적 관계가 높은 것'으로 나타났다. 주거, 교육, 문화 및 특히 스포츠시설의 만족도는 실핏줄처럼 다양한 커뮤니티를 형성하고 그로 인한 사회적 관계 맺기를 촉진한다.

물론 이는 일종의 '내부적 네트워킹을 통한 폐쇄적 네트워크'의 속성 또한 있지만, 어쨌거나 스포츠시설을 포함한 제반의 사회문화 기반이 충분한 집단일수록 사회 관계망의 형성 욕망과 밀착도가 높다는 것을 보여준다. 반면 위 보고서와 여러 사회계층 실태조사를 참조하면, 가난한 마을일수록 사회문화 인프라가 부족하고 개인 건강의 도모가 여의치 않으며 상호부조적인 관계망 형성도 어렵다. 저녁이면 폐타이어로 주차공간부터 확보해야 하는 가난한 동네에서 사회 관계망 형성을 고려하기란 쉽지 않다. 스포츠클럽법은 바로 이런 상황의 점진적 해결을 위해 작동해야 한다.

이런 경우에 흔히 거론되는 핀란드나 노르웨이 같은 '북구 선진국 사례'도 갑자기 경제적 여유가 생겨서 스포츠클럽을 장려한 것이 아니라 오랜 세월 노동운동, 지역운동, 교육운동의 민주적 전개 과정 속에서 스포츠클럽이 자연스럽게 동반하였고 또한 스포츠 고유의 특장을 살려 '더불어 사는 사회'를 몸으로 서로 느끼고 교류하는 '과정의 민주주의'를 아름답게 실천하였던 것이다. 스포츠클럽법은 이러한 의미를 분명하게 실천하여 '사회 속으로' 들어가야 한다. 그렇지 않으면 '체육계 일자리 창출'로 축소될 것이고, 그렇게 되면 복잡한 이해와 갈등관계로 뒤엉켜 있는 현재의 문제적 상황을 증폭시키는 도화선으로 작동할 우려마저 있다.

– ≪경향신문≫, 2021. 5. 27.
(https://www.khan.co.kr/opinion/column/article/202105270300055)

예문 2 **[미술을 읽는 눈]**

인증문화가 가져온 미술 전시의 비극

나하나(인드라망 아트 컴퍼니 대표)

SNS(소셜 네트워크) 활동이 하나의 일상으로 자리잡은 요즘, 미술 전시장의 예전과는 다른 어수선한 분위기가 어색하다. 곳곳에 그림보다 더 많이 설치된 포토존을 보면 그 곳이 미술 전시장인지, 사진을 찍을 수 있는 스튜디오인지 구별이 되지 않을 정도다. 주로 그렇게 전시가 된 곳에는 인스타나 페이스북등을 꾸미기 위해 어기저기서 인증샷을 찍어대는 관람객들로 인해 그림을 보는 데 집중하기가 쉽지 않다. 더 기가 막힌 일은 우리가 화가의 원화라고 생각하고 감상하는 그림들이 프린트 등의 가품일 경우다. 미술 전시장에 가품이라니. 정말 기겁할 일이다. 미술 전시장에서 원화가 아닌 가품을 감상한다는 것은 음악 콘서트에 가서 라이브가 아닌 이어폰으로 음악을 듣는 것과 마찬가지다.

과거부터 예술은 변화해 왔다. 따라서 예술전시회 또한 시대에 맞춰 변화하는 것이 당연하다는 시각도 꽤 존재한다. 그러나 그 수위가 예술의 정체성을 잃는 부분이면 곤란하다. 시대가 변해도 본질이 흔들려서는 안 된다. 예술은 본질이 지켜질 때 정체성도 지켜지기 때문이다.

미술 전시회에 아티스트의 예술작품들 대신, 프린트와 위작들, 보기 흔한 감성문구들과 포토존이 대부분을 자치하며, 인증샷을 찍어대는 사람들과 온갖 굿즈들로 넘쳐난다면, 그 전시는 오로지 상업과 결탁한 예술로 전락할 것이다.

물론 시대에 따라 변화를 꾀하는 것은 좋은 일이나 그것은 반드시 예술을 바탕으로 한 긍정적인 변화여야만 한다. 정작 대중에게 보여야 할 그림들은 뒷전인 채, 오직 트렌디한 전시를 창조해 낸다는 명목 하에 시대의 변화에만 맞추는 전시가 좋은 전시일까?

현대의 전시는 시선을 끌 수 있는 미디어 전시나 3D 전시, 체험이나 사진 촬영이 중심이 된 전시가 평면회화 전시보다 많다. 물론 재미있고 쉬운 전시는 과거 특권 계층 등의 소수만 예술을 누리던 이용자의 범위가 대중으로 더욱 확대되는 변화에 큰 공신 역할을 했다. 또, 늘 새로운 경험을 수구하는 현대인의 니즈가 반영된 전시인 만큼 전시의 범위도 넓어 졌으며, 그 내용도 다새롭다. 미술관을 운영하는 입징에서도 배제힐 수 없는 재징직인 부분에 대한 고민을 해결해 주기에 좋기는 마찬가지다.

그러나 정작 큰 단점은 요즘 전시장에서 순수하게 그림에만 관심이 있는 미술 애호가를 만나는 일이 쉽지 않다는 것이다. 진짜 예술에 관심이 있는 사람들은 촬영이나 체험 등이 중심이 된 전시들을 반기지 않는다. 따라서 조용히 그림 자체를 감상할 수 없는 공간에 가는 것은 의미 없는 일이라고 생각한다. 대부분 그 사람들은 아예 사진촬영이 금지되어 있는 전시를 선호하기도 한다.

미술 전시 기획에 있어, 늘 그 중심을 예술성에 둘지, 대중성에 둘지에 대한 부분을 선택하는 것이 가장 먼저다. 어디에 기준을 두느냐에 따라 그 전시의 가치와 평가 또한 달라진다.

기준을 대중성에 두었을 경우, 많은 관람객을 모을 수 있기 때문에 흥행에 성공할지는 몰라도 예술성에 대한 평가는 미흡하며, 그 전시의 중심이 되어야 할 미술작품들이 배경으로 전락하는 일도 종종 발생한다. 반면 예술성에 초점을 두었을 경우, 전시의 질과 깊이를 추구할 수 있어 그 가치와 평가는 높을 수 있지만, 소수의 그림 애호가만 전시장을 찾아 흥행에는 실패할 가능성이 높다. 즉, 전시를 기획할 때에는 예술성과 대중성에 균형을 잘 맞춰야 하는데, 사실상 예술과 대중문화는 늘 맞은편에 서서 서로 줄다리기를 하는 형태라 균형을 맞추기가 쉽지 않다. 그러나 현대의 전시는 자본주의 전시답게 예술성보다는 대중성에 기준을 둔 전시가 훨씬 많다. 물론 대중성을 지향함으로 인해, 미술의 문턱이 많이 낮아졌고, 이제는 대중도 망설이지 않고 전시회를 찾을 정도로 자연스러워진 것은 사실이다. 그러나 그 기준이 너무 대중문화에 치우쳐 있어 가끔 작가의 작품가치가 떨어지거나 고유의 회화 문화의 자리마저 좁아진 다는 것은 경계할 점이다.

예술이 대중과 격리되어 순수하게 존재하는 것은 사실상 불가능하나, 상업성을 지향한 전시 문화는 상업과 예술이 손을 잡는 선을 넘어 감상자의 취향마저도 자본이 좌지우지하는 상황을 초래할 수 있다.

현재 우리나라에서도 전시에서 대중이 주체가 되면서 전체적인 문화수준이 높아졌다. 그러나 그에 앞서 전시의 본질은 '예술을 통한 세상과의 소통'이다. 즉, 전시장에서 그림과 관객은 반드시 조우해야 하며, 그림이 배경으로 전락하는 것은 큰 비극이다.

시대에 변함에 따라 미술전시장도 진화한다. 그러나 '보는 것', 과 '느끼는 것'이 빠진 미술전시가 우리에게 주는 것이 무엇일까에 대해 생각해 볼 필요가 있다. 최소한 우리가 미술 전시장에 방문하는 이유가 무엇인지 생각하고 갔을 때, 전시의 본질이 지켜짐과 동시에 더욱 의미 있는 경험이 되지 않을까.

– ≪아시아타임즈≫, 2021. 3. 8.

(https://www.asiatime.co.kr/article/20210308500368?1=1)

1) 두 편의 칼럼에서 필자가 주장하는 내용을 정리하고, 그에 대한 자신의 생각을 이야기해 보자.

2) 자신이 어떤 분야에 관심이 있는지 생각해 보고, 관심 있는 분야의 칼럼을 찾아서 읽어본 뒤 소개해 부자

활동

3. 자신의 관심 분야에 대해 칼럼을 쓴다고 생각하고 다음의 활동을 해 보자.

수록 매체		
코너명		
칼럼 제목		
본문	도입	
	전개	
	마무리	

1) 위의 표를 활용하여, 자신이 선택한 분야에 대한 칼럼을 구상해 보자.

2) 위의 표에 자신이 구상한 내용을 바탕으로 칼럼을 완성해 보자.

06 글쓰기의 실제

06 글쓰기의 실제

01 초고 작성

개인 보고서의 작성 과정

이 단원에서는 4장 '글쓰기의 과정'과 5장 '1) 보고서'를 참고하여 개인 보고서를 작성해 보도록 한다. 4장을 배우며 경험했던 팀 활동을 떠올려 보면 개인 보고서를 작성하기가 그리 어렵지만은 않을 것이다.

개인 보고서 작성을 위한 글쓰기의 과정은 대체로 '주제 선정하기→주제문 작성하기→자료 수집하기→개요 작성하기→초안 · 초고 작성하기→피드백 및 퇴고하기→글 완성하기'의 순서로 이루어진다. 즉, 초고를 작성한 후 피드백과 퇴고 활동을 거쳐야 비로소 한 편의 글을 완성할 수 있다. 특히 피드백과 퇴고 활동은 매우 중요하다. 면담을 통해 단계별 피드백을 경험하는 과정에서 스스로 문제점을 찾아 퇴고함으로써 글의 완성도를 높이는 능력을 갖출 수 있기 때문이다.

자신의 생각과 주장을 타인에게 정확히 전달하고 진정으로 소통하기 위하여, 성실한 태도로 글쓰기 과정에 참여해 보자.

주제 선정과 주제문 작성

주제를 선정하는 일은 문제를 발견하는 단계, 곧 문제의식을 갖는 단계에 해당된다. 주제문을 작성하는 것은 문제의식을 구체화하고 해당 문제에 대한 자신의 관점을 명확히 하는 일이다. 따라서 주제문을 작성할 때에는 주제에 관한 자신의 시각과 관점을 간결하고 정확하게 표현해야 한다. 또한 주제문은 반드시 타당하고 객관적인 근거를 제시할 수 있는 내용이어야 한다.

막연한 주제를 가고 글을 쓰게 되면 날카로운 문제의식을 담거나 깊이 있는 논의를 전개하기 어렵다. 따라서 실제 주제를 선정하고 주제문을 작성할 때에는 무엇보다 막연하고 광범위한 주제를 자신이 다룰 수 있는 범주로 좁히고 구체화하는 과정이 필요하다. 4장에서 했던 팀 활동 주제에 비해 개인 보고서의 주제는 범주가 조금 더 좁고 구체적인 경우가 대부분이다. 개인이 소화할 수 있는 보고서의 분량이 있으므로, 연구 주제는 평소 관심을 두었거나 관련 정보를 파악하고 있던 것으로 정하는 편이 좋다.

자료 수집과 개요 작성

논리적인 글을 작성할 때 자신의 의견을 뒷받침해 주는 자료는 매우 중요하다. 따라서 자료는 출처가 분명하고 정확성, 타당성, 신뢰성을 지닌 것이어야 한다. 그리고 실제 글을 작성하는 과정에서는 수집한 자료의 양이 많을수록 자료의 가치를 평가하고 선별하는 일과, 자료의 성격과 유형에 따라 일목요연하게 정리하는 일이 중요하다. 자료를 수집하고 분석하는 일은 주제를 정하고 개요를 작성하는 과정에도 계속된다. 단행본과 논문 등 전문 자료를 찾아 깊이 있는 정보를 모으도록 한다.

개요는 어떤 방식으로 문제를 제시할 것인지, 자료와 분석 결과를 어떻게 배열하고 논리화하여 효과적으로 결론에 도달할 것인지를 미리 구상하여 정리한 설계도라 할 수 있다. 특히 보고서의 개요는 상위 목차와 하위 목차 간의 논리적 관계를 고려하여 체계적으로 작성할 필요가 있다.

실제 보고서를 작성하는 과정에서는 자료 수집과 개요 작성이 순차적으로 이루어지기보다 동시에 진행된다. 좀 더 정확히 이야기하면, 자료 수집과 개요 작성(수정)은 반복적인 병행 작업으로 이루어진다. 개요가 구체적으로 작성되는 과정에서, 수집하는 자료 또한 더 전문적이고 핵심적인 내용으로 나아가게 된다.

초안 작성하기

초안은 가장 기초적인 구성을 지닌 글이라 할 수 있다. 개요 작성이 끝났더라도 긴 분량의 보고시를 한 번에 써내려가기 힘들 때는 개요를 바탕으로 짧은 초안을 작성하여 이를 확장해 나가는 것도 좋은 방법이다. 초고 이전에 짧은 초안을 작성해 보면 개요에서 미처 발견하지 못했던 논리적 결함을 비롯하여, 글의 전개 과정에서 실제로 발생할 수 있는 여러 문제점들을 미리 예측하여 보완할 수 있다.

다음은 학생이 작성한 보고서의 초안이다.

보고서 초안

○○학과 ○○○

제목 : 한국 도시 양봉의 문제점과 개선 방안

주제문 : 도시 속에서 생태계의 유지를 돕는 꿀벌을 키우는 '도시 양봉'을 활성화하기 위해서는, 도시 양봉의 정확한 법적 기준을 마련하고 양봉 허가제를 도입하여야 한다.

서 론

도시에서 양봉을 하는 것이 과연 합법인가? 만약 양봉이 이웃에게 피해를 끼친다면 이에 관한 관련 법률이 필요하다.

본 론

1. 도시 양봉의 개념

양봉은 벌들이 주변 사람들에게 피해 주는 것을 방지하기 위해 주로 촌락의 산속이나 들판과 같이 인적이 드문 곳에서 하는데, 촌락이 아닌 도시에서 하는 양봉을 '도시 양봉'이라 한다.

2. 도시 양봉의 필요성

도시 양봉은 꿀벌의 멸종을 막을 뿐더러 도시의 다양한 식물의 수분을 도와 도시 생태계 복원의 해결

책이 될 수 있다. 이 때문에 많은 세계 도시들이 도심 속에서 양봉을 시작하고 있다. 도시는 농약이 없으며 열섬 현상 때문에 건조하고 따뜻한데, 이는 벌이 서식하기에 적합한 환경이다. 또한 도시는 농촌의 한정적인 작물 재배와 다르게 공원이 많아 서식하는 식물의 종류와 수가 다양하여 양봉하기에 좋은 요건을 갖추고 있다.

3. 도시 양봉의 긍정적인 측면

도시 양봉은 취약 계층과 퇴직한 중장년층을 위한 일자리를 창출할 수 있다. 2013년 서울시가 추진한 '노숙인 도시 양봉 프로젝트'는 노숙인 18명에게 꿀벌을 키우는 일을 주어 그들의 자립을 도운 사업이다. 또한 2012년부터 '서울시 장애인 도시 양봉단'이 창립되어 장애인들도 도시 양봉에 적극적으로 참여할 수 있게 되었다.

4. 도시 양봉의 부정적 측면

도시 양봉에 대한 법적 제한이 없고, 도시 양봉으로 인한 이웃 간 갈등이 생겼을 때 마땅한 법률이 없다. 양봉장에 대한 제한이 없기 때문에 개인 양봉업자는 아무 곳에서나 양봉이 가능하다.

결 론

첫째, '도시 양봉 규제법'이 필요하다. 반경 2km까지 꽃을 찾아 떠나는 꿀벌을 고려하면, 사람들에게 피해를 주지 않기 위해서 인근에 주택을 포함하여 거주자들이 이용할 만한 시설이 없어야 할 것이다. 둘째, 자신이 속해 있는 시·도청에 교육 이수 여부와 양봉장의 법적 기준에 대한 허가를 받아야만 개인 양봉을 시작할 수 있도록 '양봉 허가제'를 도입한다. 셋째, 양봉업자들은 지자체에서 운영하는 최소한의 양봉 교육 시간을 이수하여 양봉에 대한 기본적인 지식을 배워야 한다.

이 학생은 현재 한국에서 막 시행하는 단계인 '도시 양봉'의 필요성을 알림과 동시에, 관련 법률이 없어 갈등이 생길 수 있다는 문제를 제기하고 개선 방안을 모색하기 위해 위와 같은 초안을 작성하였다. 서론 한 단락, 본론은 총 네 단락, 결론 부분은 개선 방안을 세 가지로 제시하는 내용의 한 단락으로 구성하였다. 초안 전에 작성한 개요에 따라, 본론의 각 단락에는 소제목을 붙여 초고를 더 효과적으로 작성할 수 있도록 했다.

이와 같이 초안은 A4 1~2장 이내로 간단히 작성하되, 보고서의 구성을 염두에 두고 작성하도록 한다. 서론, 본론, 결론의 각 부분에 필요한 내용을 간략히 기술한다. 초안 본론에서 기술한 내용은 이후 초고를 작성하는 과정에서 확장되고 구체화되어 본론을 구성하는 각 장의 핵심 내용이 될 것이다.

기억해야 할 사실은 초안은 최종 보고서가 아니라는 점이다. 위 초안을 작성한 학생은 이후 초고를 작성하는 과정에서 보다 자연스럽게 문제를 제기하기 위해 서론에 기사를 활용한 도입부를 제시하였다. 본론에는 현재 우리나라의 도시 양봉이 어디까지 진행되고 있는지 그 현황에 대한 자료를 보충하여 논지를 보강하였다. 또한 결론에서 제시한 개선 방안을 본론으로 옮기고 내용을 보충하였으며, 제목 또한 사람들에게 흥미를 불러일으킬 수 있도록 수정하였다.

이처럼 초고를 완성하는 과정에서 초안을 적절히 수정할 필요가 있다. 따라서 초안을 작성할 때에는 내용의 완결성보다 작성자 개인의 의견과 전체의 논리적 흐름이 적절한가를 중심으로 살피도록 한다.

초고 작성하기

개요를 다듬어 목차를 구성한 후, 주장하는 바를 효과적으로 전달할 수 있도록 단락을 구성하여 초고를 완성해 나가도록 한다. 그리고 보고서 내용 및 방향을 반영하는 제목을 제시하면 글의 의미와 성격이 더욱 분명해진다.

초안을 작성한 경우라면, 초안의 각 단락에 적절한 하위 내용을 추가하여 글을 확장시키는 방법으로 초고를 작성할 수 있다. 초안 작성 과정을 거치지 않은 경우에는, 글을 쓸 때 실제로 활용할 하위 내용들을 개요 안에 상세히 메모해 놓고 초고를 작성하는 것이 효율적이다.

활동

1. 제4장 '글쓰기의 과정' 중 이루어진 [팀 활동 1~3]을 바탕으로 다음의 순서에 따라 개인 보고서의 간략한 초안을 만들어 보자.

1) <주제 선정하기> : [팀 활동 1]에서 선정한 주제를 개인의 관심과 문제의식에 맞게 변형하거나 다듬어 본다.

2) <주제문 작성하기> : [팀 활동 1]에서 작성한 주제문을 참고하여, 보고서를 쓰기 위한 주제문을 작성한다.

3) <자료 수집하기> : 성곡도서관 홈페이지를 통해 단행본과 논문 등을 검색하여 [팀 활동 2]에서 수집한 자료들을 보충하고 정리한다

4) <개요 작성하기> : [팀 활동 2]에서 작성한 개요를 참고하여 보고서의 주제문에 적합한 개요를 작성한다. 이때 본론은 2~3개 이상의 항목으로 이루어질 수 있도록 한다.

5) <단락 형성하기> : [팀 활동 3]에서 연습한 방법을 기억하면서 개요의 항목들로 각각 한 개의 단락을 형성한 뒤, 연결이 자연스러운지 검토하여 짧은 초안을 작성한다.

6) <개요와 초안 제출> : 작성한 개요와 초안을 정해진 날짜에 제출하여 1차 피드백을 받는다.

2. 1에서 만든 개요와 초안을 바탕으로 개인 보고서의 초고를 작성해 보자.

1) <개요와 초안 수정> : 제출한 개요와 초안에 대한 1차 피드백의 내용을 반영하여 보고서의 구성을 수정 보완한다.

2) <초고 작성과 제출> : 수정한 개요와 초안을 토대로 보고서의 초고를 작성한다. 초안의 내용을 구체화하고 확장하여 A4 4장 가량의 초고를 완성한다. 제목, 목차 및 각주와 참고문헌 등 보고서의 양식을 잘 지켰는지 확인한 뒤 기한 내에 제출한다.

02 피드백과 퇴고

자기 평가

초고를 작성한 뒤에는 아래의 항목들에 따라 보고서의 체계와 구성, 세부 내용과 문장 표현 등을 스스로 꼼꼼히 점검하고 평가한다.

<점검 항목>

ㄱ. 제목
- 문제의식이나 전체 의미, 방향을 나타내기에 적절한가?

ㄴ. 목차
- 세부 목차가 해당 본문의 핵심을 잘 표현하고 있는가?
- 목차 간 논리적 관계가 타당하며 체계적인가?

ㄷ. 서론
- 문제의식이 분명하고 타당하게 제시되어 있는가?

ㄹ. 본론
- 본론의 내용은 서론에서 제기한 문제의식에 부합하는가?
- 단락의 구성 및 확장 방식은 적절한가?
- 주장과 논거가 논리적이고 타당한가?(논지 전개를 살펴볼 때 논리적 결함이나 근거가 부족한 부분이 있는가?)
- 객관적으로 검증된 다양한 근거 자료를 타당한 방식으로 인용하였는가?

ㅁ. 결론
- 본론의 내용을 기반으로 참신하고 의미 있는 결론을 도출해 냈는가?
- 문제 제기에 대한 설득력 있고 구체적인 대안이나 해결 방안을 제시하였는가?

ㅂ. 주석, 참고문헌
- 주석, 참고문헌을 양식에 맞게 정리하여 제시했는가?

ㅅ. 기타 점검 사항
- 연구 대상 및 범위가 적절한가?
- 정확한 문장으로 표현했는가?
- 참신한 아이디어나 독창적인 시각, 혹은 글쓴이의 노력이 돋보이는 부분이 있는가?

개인 면담 피드백

초안도 그렇지만, 초고를 작성한 후에는 글의 완성도를 높이기 위해 반드시 타인에게 피드백 받는 과정이 필요하다. 특히 보고서는 독자에게 정보를 전달하고 자신의 생각을 이해시키는 글이기 때문에 피드백의 과정이 매우 중요하다.

피드백을 받기 전에는 미리 보고서의 집필 의도, 작성 과정 중 느낀 문제점, 기타 질문 사항을 메모하여 정리해 두도록 한다. 피드백해 줄 사람에게 메모 사항을 전달하면 더욱 정확하고 구체적인 피드백을 받을 수 있기 때문이다.

다음은 학생이 개인 면담 활용지를 이용해 작성한 내용이다.

글쓰기 개인 면담 활용지

담당교수 : ○○○

학과	생명나노학과	학번	○○○○○○	이름	○○○

면담 관련 질문 내용

제 글의 의도는 오디션 프로그램이라는 방송을 통해 사회의 문제점을 보려 한 것입니다.

질문사항

- 초안 피드백해 주셨을 때, 우리나라 오디션 프로그램의 방송 기획 의도를 생각해 보라고 하셨습니다. 제가 생각하기엔 오디션 프로그램은 미국 방송에서 흥행한 <아메리칸 아이돌>을 모방해서 온 것인데, 그 기획 의도를 정확히 파악하기 어렵습니다. 또한 초안을 구체화하는 과정에서 제 글과 직접적인 관련이 없어서요, 소제목으로 넣기에는 글의 방향과 어긋나는 것 같은데 어떻게 하는 것이 좋을까요?
- 목차 구성이 적절한지요?
- 오디션 프로그램과 관련한 전문 서적이나 소논문은 현재 나온 것이 없어서 보고서를 작성하는 데 설득력이 없는 것 같아 걱정입니다.
- 주석 표시, 참고문헌 표시가 맞게 되었는지 궁금합니다.

면담 후 결과

- 소제목으로 넣지 않으셔도 된다고 하셔서 하지 않았습니다.
- 보고서에 썼던 오디션의 특징(오디션 프로그램에서 개인사를 소설적으로 구성하여 시청자의 흥미를 높이고 있다)에서 '소설'을 스토리텔링의 개념으로 바꿔 보면 어떻겠느냐고 제안하셨는데, 저도 스토리텔링에 관심이 생겼습니다. 그러나 다 공부해서 넣기는 시간상 무리가 있었습니다. 방학 때 공부해서 이런 글 쓰는 기회가 생긴다면 꼭 활용해 보겠습니다.

- 교수님이 추천해 주신 푸코의 『감옥의 역사』를 읽고, '서열화' 개념에 대해 생각해 보고 저의 보고서에 적용할 수 있었습니다.
- 대안 부분에서 제시한 '자율학기제'에 대한 설명을 보강하였고, 활용 방법도 현실에서 실행 가능한 범위 내에서 첨가하였습니다.
- 형식 부분에서 목차 지적해 주신 부분 수정하였습니다. 문장이 어색한 부분을 바로잡았고, 주석 및 참고문헌 표기에서 지적해 주신 부분 또한 고쳤습니다.

면담자 : OOO (인)

위 학생은 현재 우리 사회가 수치화할 수 없는 개인의 재능을 함부로 수치화하고 서열화하는 문제가 있다는 점을 오디션 프로그램을 예로 들어 지적하고 개선 방안을 제시하는 내용의 초고를 작성하였다. 이 과정에서 초안 피드백 내용을 초고 작성 과정에서 어떤 식으로 반영해야 하는가, 초고 목차의 구성이 논리적으로 적절한가, 논의의 깊이를 더해 줄 서적은 어떠한 것인가 등 작성과정에서 생기는 문제와 궁금한 점을 문장으로 정리하였다. 개인 면담 시간에 담당 교수님과 이러한 문제에 대해 의견을 나누며 최종 보고서를 작성한다면 보다 성실히 퇴고를 수행하여 최종 보고서를 제출할 수 있을 것이다.

이 과정을 정리하면 다음과 같다. 면담 피드백을 받기 전, 보고서 작성 과정 중 생긴 궁금증이나 질문 사항을 활용지의 '면담 관련 질문 내용'에 작성하여 피드백 받을 때 제출한다. 면담을 한 후에는 '면담 후 결과' 부분에 자신이 받은 피드백 내용을 정리해 본다. 질문사항에 대한 답변과 함께 피드백 내용을 분석해 보면, 이후 자신의 글을 수정하는 데 큰 도움을 받을 수 있다.

동료 피드백

다른 학생이 개인 면담 피드백을 받는 동안 팀 별로 동료 피드백을 진행한다. 동료 피드백은 글쓰기 과정에서 매우 중요하다. 동료의 글을 피드백해 주는 과정에서 자신의 글에 나타나는 문제점도 스스로 발견하고 고칠 수 있기 때문이다. 동료 피드백은 일방적으로 남을 돕는 작업이 아니라 글을 쓰는 과정에서 필수적으로 수행하는 협업이라는 사실을 기억할 필요가 있다. 또한 다른 사람의 글을 피드백 할 때에는 상대방의 글에 대한 애정을 가지고 성실하게 접근해야 바람직한 피드백이 이루어질 수 있다.

다음은 학생이 작성한 동료 피드백 활용지의 내용이다.

<table>
<tr><th colspan="3">동료 피드백 활용지(학생)</th></tr>
<tr><td colspan="2">보고서 제목/학생 이름</td><td>한국 다문화 가정의 문제와 해결 방안/ ○○○</td></tr>
<tr><td colspan="2">피드백 해 준 학생</td><td>○○○</td></tr>
<tr><td colspan="2">보고서에 대한 인상 및 총평을 5~6줄 이내로 간략히 기술하시오.</td><td>글의 논리성이 조금 부족하다. '서론'에서, 다문화 가정에 대해 어떤 문제의식을 갖고 있는 것인지 구체적으로 와닿지 않는다. 그에 따라, '서론' 뒤에 오는 '본론'이 '서론'과 따로 노는 느낌이다. '본론'은 다문화 가정이 갖고 있는 애로 사항과 그 해결 방안들에 대한 내용인데, 내용들이 병렬적으로 나열되어 있고 설명 위주라 글쓴이의 의도와 목적이 드러나지 않는다. 또한, 문제에 대한 해결 방안들이 구체적이지 않아 설득력이 없거나 앞서 언급한 애로 사항에 대한 해결 방안이 제시되지 않은 경우도 있다.</td></tr>
<tr><td rowspan="3">내용(논리성)</td><td>문제의식이 분명하고 타당하게 제기되었는가?</td><td>'서론'과 '본론' 중 '1' 부분에 걸쳐, 수많은 문제의식이 제기되었으나, 그 내용이 추상적이고 또한 너무 많은 문제의식이 제기되어 정작 글쓴이가 정말로 주장하고 싶은 것이 무엇인가가 독자들에게 명확하고 구체적으로 표현되지 못했다.</td></tr>
<tr><td>주장과 근거가 합당한가?</td><td>'본론'의 다문화 가정 문제 해결 방안에서 첫째로 제시된 '국제결혼 이주 여성에게 영주권이나 거주권을 제공한다'라는 주장이 '위장 결혼의 문제 등을 야기할 수는 있지만 그것은 이주 여성의 인권 보장이라는 데 비해서는 큰 문제가 아니다'라고 했는데, 왜 그러한지 추가적인 근거가 없어 모호했다. 또한, 문제점 부분에서 제시됐던 '정체성 문제'나 '사회 적응 곤란' 등에 대한 해결 방안이 제시되어 있지 않다.

'본론 1'에서 다문화 가정 증가의 원인에 대한 내용으로 "농촌에 살기를 꺼려하는 남성이 있는 것이 가장 큰 이유이다."라고 하였는데 남성들이 왜 농촌에 살기를 꺼려해서 다문화 가정이 증가하게 되었는지에 대한 추가적인 설명이 없어서 이해하기 어려웠다.</td></tr>
<tr><td>서론, 본론, 결론의 논리 전개상 필요한 내용을 담았는가?</td><td>'서론'에서는, '다문화 가정의 문제점을 살펴보고 다문화 가정이 우리나라 국민들과 공존할 수 있는 방향을 제시한다'라고 이야기했는데, '본론'에서는 '다문화 가정이 안고 있는 문제점들을 제시하고 그것을 해결하기 위해서 정부가 다문화 가정에 이런저런 복지 혜택과 권리, 제도 등을 제공해야 한다'고 단순히 다문화 가정에 대한 원조 관련 내용만을 담고 있어, 그것이 어떻게 다문화 가정이 우리나라 국민들과 '공존'하는 길인지 설득력 있게 설명하고 있지 못하고 '서론'과 연결되지 않는다. '결론'에서, '민족주의라는 이름하에 한국 사회가 다문화 가정을 차별해왔다'고 하는데, '차별'이라는 키워드가 '결론'에서 글 전체를 정리하는 키워드로 역할을 할 만큼 글 중심 내용을 대표할 수 있는 것인지 모르겠다.</td></tr>
</table>

형식(정확성)	단락의 구성 및 확장이 적절히 이루어졌는가?	'서론'에서 "단일 민족 국가인 우리나라에서 혼혈 가정 등으로 부르다가 최근에야 다문화 가정이라는 용어를 사용하기 시작했다."라는 내용은 빼도 괜찮을 것 같다. 소제목으로 쓴 '4. 문제 해결을 위한 방안'과 '4.1 다문화 가정을 위한 대안 제시'가 겹친다, '3. 다문화 가정의 문제적 현실의 원인 및 배경'에서 소주제를 중심으로 나누었던 것처럼 나눠야 한다. 그리고 원인 및 배경과 서로 대응될 수 있도록 단락을 재배치하였으면 좋겠다. 특히 '3.5'나 '3.6'에서는 단락에 대한 글쓴이의 생각을 덧붙여야 한다. 추가적인 설명이 없이 한 문장으로 되어 있어서 구체적이지 않기 때문이다. '3.4'에서 내용을 조금 더 보충하자면 '여성이민자의 부적응에 따른 자녀들의 학업 능력 지체' 국제결혼 이주 여성 대부분은 국내에 입국하면서 비로소 한국어와 한국문화에 대해 교육을 받으며, 이러한 교육은 입국 초기에 잠깐 동안만 이루어진다. 이후 임신·출산과 생업 등으로 대부분의 국제결혼 이주 여성들은 교육을 지속적으로 받지 못하는 형편이다. 다문화 가정 여성 결혼 이민자의 부적응 문제는 그들의 자녀 양육과 교육에 적지 않은 영향을 미친다. 국제결혼 이주 여성 자녀들이 유아기에 한국어가 미숙한 외국인 어머니와 함께 생활하므로 언어 발달에 지체를 보일 수 있다. - 정진우(2014), 「다문화 가정 지원 정책에 관한 연구」, 『사회과학연구』 25-2, 충남대학교 사회과학연구소, 110쪽.
	인용, 주석이 정확히 표기되었는가?	내주의 형식으로 쓰려고 했던 것 같은데 "~ ≪매일신문≫(2014)"와 같이 쓰는 것이 아니라 '저자명(간행 연도:인용 페이지)'를 사용해야 한다. 또한 참고문헌에 반드시 서지 사항 전체를 써 주어야 한다. 내주를 사용한다면 형식을 다시 잘 지켜서 써야 하며, 그렇지 않다면 주석의 또 다른 방식이자 기본적인 보고서의 형식인 '외주+참고문헌'을 사용하여 정확하게 표기하여야 한다. 인터넷 신문 기사의 경우 외주를 넣을 때, URL은 빼고 뒤에 참고문헌에만 써주어도 무방하다.(교수님께서 허락하셨음)

<table>
<tr><td rowspan="2">형식(정확성)</td><td>정확하고 간결한 문장으로 이루어졌는가?</td><td>'결론'의 "민족주의라는 이름하에 응집되고 단결되어 온 한국 사회의 인식 속에서 다문화 가정은 이해되었으며 그 이후 지금까지도 이 같은 사회 속에서 입장이 바뀌었을 뿐이지 같은 맥락의 편견과 차별은 다문화 가정을 바라보는 우리 시선 속에 항상 존재했다."라는 문장에서 문장의 논리성도 그렇고, '서론'의 내용을 토대로 보아 다문화 가정이 '이해'된 것이 아니라 '배척'되었으며 라고 고쳐야 할 것 같다.
'4.1' 첫째 해결 방안에서 "이렇게 되면 (가정 폭력을 당한) 국제결혼 이주 여성이 보다 쉽게 이혼을 청구할 수가 있으며~"라고 구체적으로 써 주면 의미 전달이 더 잘 될 것 같다.
마찬가지로 둘째 해결 방안에서도 "특히 국제결혼 가족에 대한 국민 기초 생활 보장 제도의 심사가 (객관적인 소득 및 재산 수준을 바탕으로) 차별 없이 이루어지도록 제도적으로 정비~"라고 고쳐서 의도를 분명하게 전해야 한다.</td></tr>
<tr><td>참고문헌이 형식에 맞게 제시되었는가?</td><td>현재 참고문헌에 관한 내용이 표기되지 않았다. 참고문헌에는 일련번호를 붙이지 않는다. 인터넷 기사의 경우에는 "작성자, 글 제목, URL, 날짜"의 형식에 맞춰 고쳐 쓰도록 해야 한다. 통계 자료의 경우에는 연도와 자료의 제목, 발행처 등을 찾아야 한다. 논문을 인용한 경우에는 "저자명(발행연도),「논문 제목」,『게재지명』 권수 및 호수, 출판 단체, 인용 페이지."와 같이 써야 한다. 단행본(책)의 경우에는 『 』로 쓰고, 그 외에 신문 기사, 논문 등은 「 」로 써서 통일하는 편이 좋다.</td></tr>
<tr><td>태도</td><td>글쓴이의 성실함과 노력이 담겨 있는가?</td><td>성실하게 쓰려고 했으나 전반적으로 해결 방안들이 추상적이고 원론적인 수준에 그쳐 아쉬웠다. 문장 간에 유기적인 연결이 되지 않았고, 표현이 추상적이거나 개인적인 의견이 일반적인 인식으로 쓰여 글의 설득력이 떨어지는 경우도 있어서 보완이 더 필요하다고 생각한다.</td></tr>
</table>

피드백을 할 때에는 보고서의 내용이 논리적으로 자연스러운가, 보고서로서의 형식을 준수하고 있는가, 태도가 진지하고 성실한가 등을 중심으로 살펴볼 수 있다. 위 학생은 다른 학생의 보고서를 읽은 후 동료 피드백 활용지를 항목에 맞추어 성실히 작성하였다. 특히 단락의 구성과 확장 방식, 인용과 주석 표시, 정확한 문장 표현, 참고문헌 작성법 등과 같이 보고서의 형식적인 부분을 면밀히 살피고, 자신의 의견을 구체적으로 제시하였다. 이처럼 동료 피드백활용지는 동료 학생에게 실질적인 도움을 줄 수 있도록 구체적으로 작성하는 편이 좋다.

퇴고하기

실제 보고서를 작성하는 과정에서 퇴고와 피드백은 병행해야 하는 작업이다. 남에게 피드백을 받기 전에는 반드시 스스로 퇴고를 하고, 피드백을 받은 후에는 피드백의 내용을 면밀히 살펴 자신의 글에 반영할 수 있도록 노력해야 한다. 개인 면담과 동료 피드백을 하는 기간 동안, 글 전체의 흐름과 체계부터 문장 표현과 인용, 주석, 참고문헌의 형식까지 꼼꼼히 점검해서 퇴고하는 과정을 거치도록 한다. 이 과정을 통해 최종적으로 더 깔끔하고 설득력 있는 보고서를 완성할 수 있을 것이다.

활동

1. 친구의 초고를 읽고, 동료 피드백 활용지를 이용하여 서로의 글에 대해 피드백을 해 보자.

1) <피드백 순서 정하기> : 기존 그룹 활동[팀 활동 1]을 했던 학생들을 중심으로 모여 피드백 받을 순서를 정한다.

2) <동료 피드백 활용지 작성하기> : 동료 학생의 초고를 읽고 장점이나 개선했으면 하는 부분을 꼼꼼히 작성한다.

3) <피드백 사항 토의하기 1> : 각자 자신이 읽고 느낀 점이나 개선 사항을 이야기한다. 피드백을 받은 학생은 공통 의견 및 기타 개별 의견 등으로 나누어 정리한다.

4) <피드백 사항 토의하기 2> : 어떻게 수정할 수 있을 것인가에 대해 구체적으로 이야기를 나눈 후 자기 글의 실질적인 개선 방안을 문장으로 기술해 본다.

5) <피드백 내용 반영> : 학생들과 논의한 개선 방안을 다시 한 번 살펴보고 초고를 수정하는 데 반영한다

2. 피드백과 퇴고의 과정을 거쳐 보고서의 최종본을 완성해 보자.

1) <피드백 내용 종합하기> : 개인 면담 피드백의 내용과 동료 피드백의 내용을 종합하여 초고를 수정 보완할 구체적인 방법을 정리한다.

2) <퇴고하기> : 종합하여 정리한 피드백의 내용과 수정 방안에 따라 초고의 세부 내용과 형식, 문장 표현 등을 꼼꼼하게 수정한다.

3) <개인 보고서 완성 및 제출> : 최종 보고서를 완성하여 학기말에 제출한다.

글쓰기 개인 면담 활용지

담당교수 :

학과		학번		이름	
면담 관련 질문 내용					
면담 후 결과					

면담자: (인)

보고서 초안 피드백 활용지

<table>
<tr><td colspan="2">보고서 제목/학생 이름</td><td colspan="2"></td></tr>
<tr><td colspan="2">점검 항목</td><td colspan="2">피드백 내용</td></tr>
<tr><td rowspan="4">논리적 내용 / 정확한 형식</td><td>보고서 제목은 문제의식이나 전체 의미, 방향을 나타내기에 적절한가?</td><td colspan="2"></td></tr>
<tr><td>주제문은 글쓴이의 의견이나 관점이 드러난 하나의 완성된 문장으로 이루어졌는가?</td><td colspan="2"></td></tr>
<tr><td>개요의 구성은 논리적으로 타당하며 체계적인가?</td><td colspan="2"></td></tr>
<tr><td>단락의 구성은 적절한가?</td><td colspan="2"></td></tr>
<tr><td rowspan="2">총평</td><td colspan="2" rowspan="2"></td><td>점 수</td></tr>
<tr><td></td></tr>
</table>

보고서 초고 동료 피드백 활용지(학생)

보고서 제목/학생 이름	
피드백을 해 준 학생	
보고서에 대한 인상 및 총평을 5-6줄 이내로 간략히 기술하시오.	

항 목		초 고
내용 (논리성)	문제의식이 분명하고 타당하게 제기되었는가?	
	주장과 근거가 합당한가?	
	서론, 본론, 결론의 논리 전개 상 필요한 내용을 담았는가?	
형식 (정확성)	단락의 구성 및 확장이 적절히 이루어졌는가?	
	인용, 주석이 정확히 표기되었는가?	
	정확하고 간결한 문장으로 이루어졌는가?	
	참고문헌이 형식에 맞게 제시되었는가?	
태도	글쓴이의 성실함과 노력이 담겨 있는가?	

보고서 초고 면담 및 평가 활용지(교수자)

<table>
<tr><td>보고서 제목/학생 이름</td><td></td></tr>
<tr><td>피드백 제공 학생 명단</td><td></td></tr>
</table>

<table>
<tr><th colspan="2">항 목</th><th colspan="2">초 고</th><th colspan="2">기말 보고서</th></tr>
<tr><td rowspan="3">내용
(논리성)</td><td>타당한 문제의식을 기반으로 명확히 문제 제기하고 있는가?</td><td colspan="2"></td><td colspan="2"></td></tr>
<tr><td>주장과 근거가 합당한가?</td><td colspan="2"></td><td colspan="2"></td></tr>
<tr><td>서론, 본론, 결론의 논리 전개 상 필요한 내용을 담았는가?</td><td colspan="2"></td><td colspan="2"></td></tr>
<tr><td rowspan="4">형식
(정확성)</td><td>단락의 구성 및 확장이 적절히 이루어졌는가?</td><td colspan="2"></td><td colspan="2"></td></tr>
<tr><td>인용, 주석이 형식에 맞게 표기되었는가?</td><td colspan="2"></td><td colspan="2"></td></tr>
<tr><td>정확하고 간결한 문장으로 이루어졌는가?</td><td colspan="2"></td><td colspan="2"></td></tr>
<tr><td>참고문헌이 형식에 맞게 제시되었는가?</td><td colspan="2"></td><td colspan="2"></td></tr>
<tr><td>태도</td><td>글쓴이의 성실함과 노력이 남겨 있는가?</td><td colspan="2"></td><td colspan="2"></td></tr>
<tr><td rowspan="2">총평</td><td colspan="2" rowspan="2"></td><td>점수</td><td rowspan="2"></td><td>점수</td></tr>
<tr><td></td><td></td></tr>
</table>

[참고문헌]

<인용 지문>

1. 글쓰기의 이해

1) 글쓰기의 의미

Carl Bereiter, "Development in Writing", In L. W. Gregg & E. R. Steinberg(eds.), *Cognitive Process in Writing*(Hillsdale, N. J. : LEA, 1980:74~88)

2) 좋은 글쓰기의 요건

김연수, 『시절일기』(레제, 2019:19~20)

이슬아, 「재능과 반복」(≪경향신문≫, 2020. 6. 16.)(https://www.khan.co.kr/opinion/column/article/202006160300115)

이정우, 『탐독』(아고라, 2006:388)

탁석산, 『탁석산의 글짓는 도서관』(김영사, 2005:54)

데루야 하나코, 『로지컬 라이팅』(송숙희 · 박치현 옮김, 리더스북, 2007:13)

바바라 민토, 『민토 피라미드로 배우는 논리적 글쓰기』(이진원 옮김, 더난출판사, 2005:8)

3) 이공계 글쓰기의 중요성

김응빈, 「과학은 교양이다」(웹진 ≪CROSSROADS≫ 174, 아시아태평양이론물리센터, 2020. 3.)(http://crossroads.apctp.org/myboard/read.php?id=1527&Board=n9998)

4) 대학 생활과 학술적 글쓰기

오토 크루제, 「대학에서 왜 글쓰기를 하는가?」(김종영 옮김, 『공포를 날려버리는 학술적 글쓰기 방법』, 커뮤니케이션북스, 2009:5)

2. 글쓰기의 윤리

1) 글쓰기의 윤리와 윤리 위반 사례

한국과학기술지편집인협의회, 『이공계 연구윤리 및 출판윤리 매뉴얼』(한국연구재단 정책연구보고서, 2014:19~20)(https://www.kcse.org/books/files/1F77A55574A4E4C/Manual_for_research_and_publication_ethics_in_science_and_engineering.pdf)

칼 세이건, 『코스모스』(홍승수 옮김, 사이언스북스, 2004:104~109)

2) 글쓰기의 윤리를 지키는 방법

국민대 생명윤리위원회(IRB), 「생명윤리위원회(IRB) 심의신청서」(국민대학교 생명윤리위원회, 2015:7)(https://research.kookmin.ac.kr/ethic/ethic/life)

3) 인용, 주석, 참고문헌의 형식

권현규 · 임건, 」글래스비드 정밀공급기구에 의한 바이오재료평가용 AFM프로브의 개발」(『한국기계가공학회지』 13-6, 한국기계가공학회, 2014:30~36)

도성룡 · 한혁수, 「차량용 반도체의 품질 확보를 위한 사양 및 설계 개발 프로세스 수립」(『정보과학회논문지』 41-9, 한국정보과학회, 2014:625~632)

박세환, 「ITS/텔레메틱스 관련 기술 및 시장동향」(『TTA Journal』 137, 한국정보통신기술원, 2013:91)

이은성 외, 「육상 교통 환경의 위성항법 위치결정 성능 향상을 위한 기술 동향」(『항공우주산업기술동향』 10-1, 항공우주학회, 2012:179~195)

제레미 리프킨, 『바이오테크 시대』(전영택 · 전병기 옮김, 민음사, 2003:30~31)

프레드 매그도프, 「바이오연료의 정치경제학과 생태학」(존 벨라미 포스터 외 저, 김철규 외 옮김, 『생태논의의 최전선』, 필맥, 2009:159)

3. 비판적 읽기와 요약

1) 비판적 사고와 읽기

리대로, 「아이들에게 한자 멍에까지 씌울 텐가」(≪중앙일보≫, 2013. 7. 27.)(http://article.

joins.com/news/article/article.asp?total_id=12184733&cloc=olink|article|defaul)
전광진, 「한자어 지도는 학력 향상의 지름길이다」(≪중앙일보≫, 2013. 7. 27.)(http://article.joins.com/news/article/article.asp?total_id=12184733&cloc=olink|article|defaul)
이정렬, 「인술'의 의미 모르면 환자를 인간 아닌 제품으로 본다」(≪동아일보≫, 2014. 11. 25.)(http://news.donga.com/3/all/20141125/68145277/1)
나카노 노부코, 『정의 중독』(김현정 옮김, 시크릿하우스, 2021:55~57)
매트 리들리, 『이타적 유전자』(신좌섭 옮김, 사이언스 북스, 2001:13~15)
스티븐 핑커, 『우리 본성의 선한 역사』(김명남 옮김, 사이언스 북스, 2014: 13~15)
프란시스 베이컨, 『신기관』(전석용 옮김, 한길사, 2001:49~51)

2) 요약하기

강신주, 『김수영을 위하여』(천년의 상상, 2012:21)
장하준,『나쁜 사마리아인들』(부키, 2007:99)
최재천, 『다윈 지능』(사이언스북스, 2012:81~89)
아쿠타카와 류노스케, 『라쇼몽』(김영식 옮김, 문예출판사, 2013:23~27)
제임스 러브록, 『가이아: 살아 있는 생명체로서의 지구』(홍욱희 옮김, 갈라파고스, 2004:48~52)
캐시 오닐, 『대량살상 수학무기』(김정혜 옮김, 흐름, 2016:45~54)

4. 글쓰기의 과정

1) 주제 선정과 주제문 작성

김재진, 『뇌를 경청하라』(21세기북스, 2010:10~11)
가나지와 사토시, 『지능의 사생활』(김영선 옮김, 웅진지식하우스, 2012:21~23)

2) 자료 수집과 개요 작성

제레미 리프킨, 『바이오테크 시대』(전영택 · 전병기 옮김, 민음사, 1999:131, 154~155, 213)

3) 단락의 형성과 확장

김찬호, 『모멸감: 굴욕과 존엄의 사회심리학』(문학과지성사, 2014:220~221)

박경신, 『진실유포죄』(다산초당, 2012:27~28)

석영중, 『뇌를 훔친 소설가』(예담, 2011:108~109)

신기주, 『우리는 왜?』(북노마드, 2012:72)

정정훈, 「전자 감시의 시대, 혹은 통제 사회의 도래」(이진경 편저, 『문화정치학의 영토들』, 그린비, 2007:161)

에드워드 사이드, 『지식인의 표상』(최유준 옮김, 마티, 2012:97~98)

4) 정확한 문장 표현

(인용 지문 없음)

5. 글쓰기의 사례와 분석

1) 보고서

(인용 지문 없음)

2) 서평

강윤재, 「지구 멸망 피하고 싶다면? 원을 다시 닫아라」(≪프레시안≫, 2014. 10. 17.)(http://www.pressian.com/news/article.html?no=121008)

산수화, 「애씀의 과도한 나를 위한 편지」(≪아트인사이트≫, 2021. 5. 29.)(https://www artinsight.co.kr/news/view.php?no=54158)

3) 칼럼

강석기, 「7개월 된 아기도 눈치 본다!」(≪사이언스타임즈≫, 2014. 11. 7.)(http://www.sciencetimes.co.kr/?p=130088&paged=5&post_type=news)

나하나, 「인증문화가 가져온 미술 전시의 비극」(≪아시아타임즈≫, 2021. 3. 8.)(https://www.asiatime.co.kr/article/20210308500368?1=1)

정윤수, 「모두를 위한 스포츠클럽법이 되려면」(≪경향신문≫, 2021. 5. 27.)(https://www.khan.co.kr/opinion/column/article/202105270300055)

<참고 자료>

1. 글쓰기의 이해

신선경 · 임주영, 『21세기 창조적 공학인을 위한 글쓰기』(한산, 2011)

신우성, 『미국 글쓰기 교육, 일본 책읽기 교육』(어문학사, 2014)

한성우, 『이공계 글쓰기』(한빛아카데미, 2013)

앨런 그로스, 『과학의 수사학』(오철우 옮김, 궁리, 2007)

조슈아 스키멜, 『과학자를 위한 글쓰기』(이관희 옮김, 인피니티북스, 2014)

2. 글쓰기의 윤리

강호정, 『기승전결을 버려라: 실험 보고서에서 『네이처』 논문까지』(도서출판 이음, 2007)

김기태, 『글쓰기에서의 표절과 저작권』(한국방송통신대학교출판부, 2010)

국민대학교 생명나노화학과 교수일동, 『일반화학실험』(국민대학교 출판부, 2015)

김태환(2012), 「인용법(개정판)」, 서울대학교 교수학습개발센터 글쓰기교실

서울대학교 대학국어편찬위원회(2009), 『대학국어』, 서울대학교 출판부.

신형기 외, 『과학 글쓰기』(사이언스북스, 2006)

전동진, 「글쓰기 윤리의 정립과 윤리의식 제고 방안 연구-표절 유형과 인용법을 중심으로」(『국제어문』 55, 국제어문연구회, 2012:565~598)

한국과학기술지편집인협의회, 『정책연구보고서: 이공계 연구윤리 및 출판윤리 매뉴얼』(한국연구재단, 2014)(http://www.cre.or.kr/board/?board=textbook&no=1384677)

황성근, 「대학생의 글쓰기 윤리와 표절 문제」(『사고와 표현』, 2008:231~265)

3. 비판적 읽기와 요약

김용규, 『설득의 논리학』(웅진지식하우스, 2007)

4. 글쓰기의 과정

김은진, 『유전자 조작 밥상을 치워라』(도솔, 2009)

남영신, 『글쓰기는 주제다』(아카넷, 2014)

박민선, 「세계농식품 체계와 식품 안전: 유전자 조작 식품을 중심으로」(『환경사회학연구』, 12-2, 2008)

전현호, 「유전자 조작 식품(GMO)의 정체와 식량 문제의 본질」(『가톨릭신학과사상』, 42, 2002)

5. 글쓰기의 사례와 분석

박성혜 · 강성주 · 장은경, 「동료 검토 활동이 실험 보고서의 질적 변화에 미치는 영향」(『한국과학교육학회지』 30-8, 2010)

신형기 · 정희모 · 김성수 외, 『모든 사람을 위한 과학 글쓰기』(사이언스북스, 2006)

임정섭, 『글쓰기 훈련소』(경향미디어, 2009)

일반물리학 실험교재 편찬 위원회, 『일반물리학 실험』(국민대학교 출판부, 2009)

텍스트 라디오 · 김은성, 『칼럼니스트로 먹고 살기』(왓북, 2014)

6. 글쓰기의 실제

김성수, 「연세대학교 '글쓰기 교육'의 현황과 방향」(『대학작문』, 1, 2010:149~186)

신선경, 「공학자의 글쓰기: 공학글쓰기, 기술(skill) 아닌 능력(competence)의 문제」(『공학교육』 17-4, 한국공학교육학회, 2010:20~21)

No.

No.

No.

No.

No.

No.

No.

No.

글쓰기(자연과학 · 공학 계열)

초판 인쇄	2016년 02월 26일
초판 발행	2016년 02월 29일
개정판 2쇄 발행	2023년 02월 03일
개정판 3쇄 발행	2025년 02월 03일
저자	국민대학교 글쓰기 교재편찬위원회
발행인	정승렬
발행처	국민대학교 출판부
주소	서울특별시 성북구 정릉로 77
전화	02-910-4242
팩스	02-910-4240
등록	1975년 6월 17일 제6-33호
인쇄	동방인쇄공사

ISBN 978-89-7812-505-5(03400) 가격 12,000원

*잘못된 책은 교환해 드립니다.